SPHINX

Nah Kin

2012

Die authentische Botschaft der Maya für das Neue Zeitalter

Aus dem Spanischen
von Pia Oberacker-Pilick

 SPHINX

Die mexikanische Originalausgabe erschien 2008
unter dem Titel »El Auténtico Mensaje Maya para
el 2012« bei Editorial Kinich Ahau SCP, Mérida,
Yucatán, México.

1. Auflage
Deutsche Erstausgabe
© 2009 der deutschsprachigen Ausgabe
Sphinx Verlag
in der Verlagsgruppe Random House GmbH
© 2008 der Originalausgabe Olga Eugenia Casarín Limón
Lektorat: Edigna Hackelsberger, München
Satz: EDV-Fotosatz Huber/Verlagsservice G. Pfeifer, Germering
Druck und Bindung: Těšínska Tiskárna, Český Těšín
Printed in Germany
ISBN 978-3-424-63019-0
www.sphinx-verlag.de

Inhalt

Einführung

Unser begrenztes Denken erschwert es uns, zur Weisheit der Maya vorzudringen. Erst einmal müssen wir uns von all den Gedanken und vorgefassten Glaubenssätzen befreien, die uns nur behindern. Schließlich haben wir es hier mit einer Kultur zu tun, die geistig so unendlich aufgeschlossen war, dass sie sich eins mit dem Ganzen fühlen konnte.

Die menschliche Vorstellungskraft unterliegt heutzutage zahlreichen begrifflichen Einschränkungen, hervorgegangen aus dem Glauben an eine materielle Welt ohne jede Verbindung mit einem übergeordneten Ganzen. Diese begrenzte Vorstellung von unserer irdischen Existenz, dazu diverse Glaubensformen, die dem Einzelnen von religiösen, sozialen und politischen Institutionen auferlegt wurden, um ihn besser sozialisieren (das heißt unterwerfen) zu können, ließen das menschliche Fassungsvermögen verkümmern und blockieren sein Verständnis von der Ganzheitlichkeit eines Kosmos, in dem Materie und Geist ineinander verwoben sind.

Um besser verstehen zu können wie großartig die Weisheit der Maya ist, müssen wir in unsere eigene Innenwelt eintauchen, tief ein- und ausatmen, um Gottes Atem in uns aufzunehmen. Dann kann sich unser geistiges Fassungsvermögen wieder erweitern, und wir lernen dieses Universum in all der Fülle von Daseinsformen und potenziellen Möglichkeiten besser zu verstehen.

Bei meinen Wanderungen durch die Welt der Weisheit, die unsere Vorfahren auf der heiligen Erde des

Mayab, des Landes der Maya, hinterlassen haben, wurde mir bald klar, dass die Urheber dieser Erkenntnisse offenbar kein Problem damit hatten, den Dingen auf den Grund zu kommen. Stets hatten sie die Natur, ihre Umwelt und die kosmischen Erscheinungen im Blick. Letztere erklärten sie sich mit Hilfe von Messmethoden, die sie sich im Lauf der Zeit angeeignet hatten, und indem sie ihnen von der belebten Natur entlehnte Begriffe zuordneten. Mit diesen Messmethoden und aufgrund systematischer Beobachtungen gelang es ihnen, tief in die Dynamik des Daseins vorzustoßen. Es ist ein erhebender Anblick, wie dieser reine, ungetrübte Geist so lebhaft und klar zu den Geheimnissen der Natur, des Universums, ja, des Göttlichen selbst vordringt, während der allzu komplexe »wissenschaftliche Geist« des modernen Menschen beim Zergliedern der Natur den Überblick verliert. Bei seinem krampfhaften Bemühen, ein »zivilisiertes Wesen« zu sein, hat er sich weit entfernt von der Vorstellung, auf die es eigentlich ankommt – die Vorstellung vom Einssein mit dem Großen Geist.

Wenn wir die Gedankenwelt der Maya ergründen möchten, müssen wir unvoreingenommen sein. Wir müssen die Arroganz des modernen Menschen ablegen und zurückfinden zur Schlichtheit unseres Wesens, das sich in tiefer Demut den Geheimnissen der Schöpfung nähert. Nur so werden wir das heilige Erbe dieser großen Kultur verstehen und würdigen können.

Ich habe den Eindruck, dass viele Schriften über die Weissagungen der Maya von einer fatalistischen und geradezu katastrophensüchtigen Erwartungshaltung geprägt sind. Damit wird jedoch nur die unbegründete Angst der Menschheit vor einem leidvollen und verheerenden Ende geschürt.

Natürlich werden diese apokalyptischen Prophezeiungen immer ein großes Publikum finden. Psychologische Studien zeigen uns ja, dass Angst abhängig macht und unsere Aufmerksamkeit wachhält. Doch ich meine, dass man sich an der edlen Gesinnung einer Kultur voller Weisheit vergreift, wenn man ihre exakte Untersuchung der Zeitläufe auf die schiere Vermarktung von Angst reduziert. Damit legt man ein falsches Zeugnis wider die Maya ab.

Wir laden den Leser dazu ein, mit aufrichtigem Interesse zum Geist einer großen Zivilisation vorzudringen und den Pfad der Maya, den »Sac-Bé Sagrado«, unvoreingenommen zu beschreiten. Das ist die angemessene Weise, sich mit der Maya-Botschaft über das Ende dieser Zeiten und den Beginn des Neuen Zeitalters zu beschäftigen.

Das Neue Zeitalter wird sich uns in mächtigen Schöpfungswirbeln auftun und sowohl den Einzelnen als auch die gesamte Menschheit zu einem Höhepunkt unserer Kultur hinauftragen. Diese Erkenntnis kann und soll uns mit neuer Kraft erfüllen. Aber dafür müssen wir unsere Lebensenergie und unsere geistigen Fähigkeiten auf jene höheren Stufen anheben, die von den Weisen der Maya und von Kinich Ahau, der Personifizierung der Sonne, verkörpert werden. Ihre Kraft zielt eben jetzt darauf ab, diesem Neuen Zeitalter in umfangreichen multidimensionalen Erfahrungen Raum zu geben und Persönlichkeiten hervorzubringen, die sich dem Schutz des Lebens, der Heilung und des Lichts verpflichtet fühlen.

Im zweiten Teil dieses Buches wird dargelegt, wie uns der Große Sonnengeist dabei helfen möchte, wieder Zugang zum Göttlichen zu erlangen und uns auf die neue Ära einzustimmen.

Die wesentliche Aufgabe für uns besteht dabei in der Erlangung unseres Kristus-Bewusstseins. Im Folgenden wird das Wort Kristus hier mit K geschrieben, um dadurch unsere kristallinen Eigenschaften – Reinheit und spirituelle Erleuchtung – zu unterstreichen. Auch möchten wir uns damit von den dogmatischen Zerrbildern distanzieren, welche die Schreibweise mit Ch transportiert.

1
Die Messung der Zeit bei den Maya

Der Schöpfergott der Maya heißt in ihrer Sprache Hunab Kú. Er verfügt über zwei wesentliche Merkmale: das Maß, also die Mathematik, und die Bewegung. Insofern ist für die Maya die messende Betrachtung von Natur und Schöpfung ein grundlegendes Anliegen. Ihre Messungen gestatteten den Maya Einblick in die logisch-mathematischen Konstanten, denen das Universum unterworfen ist. Auf diese Weise erkannten sie die Weisheit des Schöpfers, was dieser großen Kultur ermöglichte, in Harmonie mit den Bedingungen ihrer Existenz zu leben.

Aufgrund ihrer systematisch durchgeführten Zeitmessungen erkannten die Maya, dass Schwingungen eine Konstante der Welt sind. Sie erinnern an die Bewegung einer Schlange, und in grafischer Darstellung haben sie die Form einer Welle.

Zeit, Farbe, Schall, Elektrizität, Magnetismus – alles ist in wellenförmiger Bewegung.

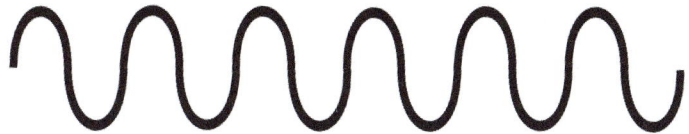

Die Konstante der wellenförmigen Bewegung in der Schöpfung

Die einfachste Form der Zeitbetrachtung bezieht sich auf den einzelnen Tag, in der Mayasprache »Kin«. Zunächst erwacht er zum Licht des Morgens. Später, wenn die Sonne im Zenit steht und am stärksten leuchtet, erreicht er seinen Scheitelpunkt. Im Laufe des Nachmittages vergeht er allmählich und durchschreitet schließlich das tiefe Tal der dunklen Nacht, um dann, heller und heller werdend, allmählich als junger Tag neu zu erstehen.

Aus der tagtäglichen Wiederholung dieses Vorgangs schlossen die Maya auf das Wirken zweier entsprechender Kräfte auch in Bezug auf einen unendlichen Zeitraum. Sie gleichen den beiden Kräften, die im überschaubaren Ablauf eines einzelnen Tages wirksam sind, mit seinem Wechsel von Licht und nächtlichem Dunkel, von Betriebsamkeit und Innehalten, von Arbeit und Erholung, mit seinen Zeiten der Ausdehnung und der Verdichtung. Beide polaren Kräfte ergeben in ihrer Gesamtheit einen Sinn, indem sie die lebensnotwendige Energie erschaffen und erneuern.

So wie sich der einzelne Tag messen lässt, so lässt sich die Zeit auch bei längerer Zählung einteilen, und daher wissen wir von den Zeiten der Ausdehnung und den Zeiten der Verdichtung, den Zeiten, in denen alles wachsend und blühend nach außen strebt, und den Zeiten, in denen, auch im übertragenen Sinn, die Ernte eingefahren und in unserem Innersten verwahrt wird. Allerdings beurteilten die Weisen der Maya diese natürlichen Lebensrhythmen nicht wertend im Sinne von »gut und schlecht«; sie sahen darin vielmehr natürliche und notwendige Abläufe, die dem Dasein eine sinnvolle Struktur gaben. In der heutigen Kultur werfen wir gern und schnell mit Urteilen und absoluten Behauptungen um uns, etwa der Art: »Dies ist ein sonniger Tag. Es ist gutes Wetter.« Oder aber: »Es regnet. Es ist schlechtes Wetter.« Während wir doch in Wahrheit den Regen genauso nötig brauchen wie die Sonne, damit die Saat aufgeht, der Boden fruchtbar wird und sich der Kreislauf des Lebens wiederholen kann. Durch diese Neigung, alles als gut oder schlecht zu bewerten, verlieren wir die erhabene Größe von zeitlichen Zyklen aus dem Blick, auf deren Frequenz wir uns lediglich einzustimmen brauchen, um unserer eigenen Lebenszeit das »Optimum«, die Essenz, abzugewinnen.

Die Welle als grafische Darstellung der Zeit und ihrer Messung verbildlicht aber auch die Bewegung, die das Leben für uns bereithält. Nichts steht still in der Schöpfung, alles bewegt sich, seit dem Anbeginn des Lebens im Dreizehnten Universum oder Hunab Kú. Alles geht von der Schöpfungsenergie aus, die sich der Zeitachse entlang in rhythmischen Wellen verströmt. Auf unserer großen Reise zum letzten Ziel, der Rückkehr zum Ur-Einen Bewusstsein, in diesem pulsierenden Auf und Ab lässt sie uns die Schöpfung immer wieder neu erfahren. Denn dies ist das Maya-Prinzip: Die Besinnung auf unseren reinsten und unergründlichsten Ursprung. Nachdem wir die Zeit und ihre Bewegung durchschritten und größere Klarheit und Einsicht erlangt haben, kehren wir wieder zurück zu jenem Ursprung der Weisheit, aus der Gott uns schuf.

Die wellenförmige Bewegung ihrerseits wird zu einer Spirale in der Raum-Zeit, in welcher die Ereignisse aufeinanderfolgen wie Einatmen und Ausatmen, Ausdehnung und Verdichtung, Tag und Nacht.

Dieses Konzept lässt sich grafisch in Form einer Spirale darstellen. Eine Spirale geht von einem Anfangspunkt/einer Erfahrung aus und tritt von da aus ihre Reise durch Raum und Zeit an. In immer gewaltigeren Bögen macht sie deutlich, wie sich Einsichten, Schwingungen, Bewusstsein und schöpferische Kraft immerzu vertiefen und erweitern. Denn es geht nicht darum, die Dinge in einem unendlichen Kreislauf sinnloser Wiederholungen zu reproduzieren; das Universum möchte uns vielmehr durch unsere Erfahrungen hindurch und voran zu immer höheren und helleren Zielen treiben, hin zur Erkenntnis unserer selbst und unserer Beziehung zum Kosmos, in dem wir geborgen sind.

Und so fließt die Zeit in einer immer höheren Beschleunigung bis zur Aufhebung der zeitlichen Erfahrung und tritt zuletzt in die Unzeitlichkeit ein, in die radiale Zeit, in der das absolute Bewusstsein den Pulsschlag des gesamten Daseins fühlt. Dann haben wir das Bewusstsein der Einheit erlangt und sind eins geworden mit allem. Auf jenen Bewusstseinsebenen steht die Zeit gleichsam still, und nun verstehen wir, was Ewigkeit heißt; wir verstehen den unveränderlichen Geist, der da ist, war und für immer sein wird. Dieses Wissen um das Wesen der Zeit erlaubte es den Maya, zunächst alles über ihren Ursprung zu erfahren, um schließlich das endgültige Ziel der Schöpfung zu verstehen, die Fähigkeit, mit dem Ewigen eins zu werden.

Die Zeitfraktale

Das Wort Fraktal entspringt der Vorstellung, dass ein Fragment der Realität diese in ihrer Gesamtheit erklären kann. So verrät uns zum Beispiel ein einziger Wassertropfen die chemische Zusammensetzung des Mee-

res, dem er entnommen wurde. Weil nun aber die Erkenntnis der Realität in ihrer Gesamtheit für den Menschen äußerst schwierig ist, untersucht er zunächst ein Fraktal oder Fragment dieser Realität und vertraut darauf, dass sich ihm auf diese Weise ihr Wesen erschließt.

Die Zeitfraktale wurden von den Weisen der Maya eingehend untersucht, sie erklären uns die Natur im Werden der Zeit. Diese bewegt sich – mit dem Leitmotiv der regelmäßig-rhythmischen Welle – hin zu einem spiralförmigen Ziel.

Das Grundfraktal ist ein »Kin«. Es beschreibt die Dynamik des 24-stündigen Tages. Im Wechsel von Stunde zu Stunde, von Minute zu Minute, ja vielleicht von Sekunde zu Sekunde offenbart sich uns das Phänomen der komplexen Existenz. Wir verstehen nicht nur den großen Pulsschlag von Tag und Nacht, sondern wir wissen auch, dass die Sonne alle zwei Stunden ein weiteres Sternzeichen durchwandert und so am Ende der 24 Stunden einen vollkommenen Kreislauf absolviert hat.

Bekanntlich sind jeder Stunde des Tages Engel der Kabbalah zugeordnet, und im Verlauf dieser Polaritäten gibt es positive und negative Stunden, Stunden des Schaffens und Stunden der Ruhe. Viele verschiedene Kulturen haben Betrachtungen darüber angestellt, wie das Werden der Zeit in jedem einzelnen Tageslauf verdichtet ist.

Ein anderes Zeitfraktal ist die dreizehntägige Maya-Woche. Von manchen Autoren wird dieses Fraktal auch als »Trecemana« oder »verzückte Welle« bezeichnet. Es handelt sich dabei um einen Entwicklungszeitraum: Beim ersten Punkt erkennt man den Zweck einer Erfahrung, einer Woche, eines Zeitraums. Von hier aus durchläuft man eine Entwicklungsspirale zunehmender Einsichten und Fähigkeiten, bis man schließlich den dreizehnten Punkt erreicht, den Gipfelpunkt aller Lebensereignisse, die transzendente Vereinigung mit dem Geistigen.

Diese Maya-Woche ist Bestandteil des rituellen Tzolkin-Kalenders. Ihm entnehmen wir, dass sich unser Leben durch Zeitfraktale, Spiralen von dreizehn Tagen, hindurchbewegt, in deren Verlauf sich jeder Einzelne von uns – je nach Einsichts- und Aufnahmefähigkeit, Intelligenz und Liebesfähigkeit – das Leben, das er sich wünscht, und das Ziel, dem er entgegenstrebt, gleichsam selbst erschafft. Es ist wahrhaft beglückend, wenn man die Maya-Woche, die Trecemana, zu verinnerlichen und zu leben vermag und diese Zeitspiralen mit wacher Intelligenz durchläuft.

Ein weiteres Fraktal der Mayazeit ist eine Einheit von 20 Tagen, »Huinal« genannt. Es entspricht dem 20-tägigen Monat, wie er im Haab-Kalender festgelegt ist.

Die Maya-Zählung gilt als Vigesimalsystem mit der Zahl 20 als Basis. Diese Kultur entwickelte eine außergewöhnliche Mathematik, und bis zum heutigen Tag verstehen wir ihre exakte Messung der Zeit und ihr extremes mathematisches Abstraktionsvermögen vielleicht gerade einmal zur Hälfte.

Die 20 des Haab-Kalenders korrespondiert ihrerseits mit den 20 Zeichen (Glyphen) des Tzolkin-Kalenders. Sie stellen die 20 Archetypen des Universums dar, die auf jede nur denkbare Situation übertragbar sind, in dieser und jeder Dimension des Daseins. Es mag nach einer groben Verallgemeinerung klingen, doch die universellen Chiffren der Maya sind imstande, die Natur eines jeglichen Ereignisses zu entschlüsseln.

18 Huinales bildeten ein »Tun«, das entspricht einem Jahr von 360 Tagen. Zählt man die fünf Tage des Uayeb, eines Schaltmonats mit fünf »Unglückstagen«, hinzu, bekommt man das Jahr mit seinen 365 Tagen, wie wir es kennen. Der Haab-Kalender zeigt uns den Lauf der Erde auf ihrem Weg um die Sonne innerhalb eines tropischen Jahres.

20 Tune oder Jahre entsprechen einem »Katun«, und 20 Katune bilden ein »Baktun«, welches aus 144.000 Tagen besteht. Hier nun gibt es verblüffende Übereinstimmungen, denn diese 144.000 Tage erinnern an die 144.000 Geretteten der Johannesoffenbarung, an die 144.000 Sonnentänzer der Hopi-Prophezeiung und an die 144.000 hochbetagten Weisen verschiedener Kultu-

ren. In der Zählung der Maya bezieht sich diese Zahl auf einen Zeitraum, der »die lange Zählung« genannt wird.

In der Mathematik werden Fraktale häufig als faszinierend schöne Spiralen von spektakulärer Vollkommenheit abgebildet. Bei ihrer Betrachtung öffnet sich das Bewusstsein, und unvermittelt fühlen wir uns als multidimensionale, zeitlose Wesen.

Auch der Mayagott Hurakan, jener mächtige Tropensturm, dessen Name »Bewegung der Schlange« bedeutet, beschwört mit seinem mächtigen spiralförmigen Wirbel solch ein fraktalähnliches Bild herauf. Mühelos erkannten die Maya unzählige weitere Fraktale in den Erscheinungen der Natur, in Steinen, in pflanzlichen und tierischen Formen. So vieles erinnert daran, dass auch wir uns innerhalb solcher energetischen Spiralbögen bewegen. Diese Muster in der Natur machen uns zugleich die kraftvolle Spirale energetisch-elektromagnetischer Wellen im eigenen Körper bewusst.

Der zyklische Charakter der Zeit bei den Maya

Für die Maya bewegt sich die Zeit im Kreis und kehrt immer wieder zu einem bestimmten Punkt zurück. Dann beginnt die Zeitmessung erneut, Tag um Tag.

Es gibt zwei große Maya-Kalender. Zum einen den Haab-Kalender, auch Sonnenkalender genannt, da er am 21. März, dem Datum der Frühlings-Tagundnachtgleiche, die einen neuen Sonnenzyklus eröffnet, beginnt. Dieser Kalender wird auch ziviler oder landwirtschaftlicher Kalender genannt, denn er enthält Handlungsempfehlungen für die einfache Bevölkerung. Die Kreisläufe des bäuerlichen Lebens richteten sich nach dem Haab-Kalender, nach ihm wurde der jeweils günstigste Zeitpunkt für Aussaat, Ernte und die regenerative Brache des Ackerbodens bestimmt. Der Haab-Kalender ist in 18 Huinale beziehungsweise ein Tun eingeteilt, dazu kommen noch die fünf zusätzlichen Tage des Uayeb.

Der Haab-Kalender sagt uns auch, wo sich die Erde auf ihrer Umlaufbahn um die Sonne gerade befindet. Seine Berechnungen sind sehr exakt und überdies erheblich älter als die des seit 1582 weltweit geltenden gregorianischen Kalenders.

Daneben galt der Tzolkin-Kalender, der die zeremoniellen und sakralen Aspekte regelte. Dieses System basiert auf 260 Tagen, die in 20 Trecemanas eingeteilt sind. Vermutlich wurde der Tzolkin-Kalender von den Priestern und Weisen dafür verwendet, den günstigsten Zeitpunkt für bestimmte Handlungen vorherzubestimmen, damit sie in Einklang mit den entsprechenden »Wesenheiten der Tage« stattfinden konnten.

Wenn sich nun die Zeiträder von Haab- und Tzolkin-Kalender sozusagen nebeneinander drehen, dann zeigen sie erst nach 52 Jahren wieder die ursprüngliche gemeinsame Ausgangsstellung. Erst und genau an seinem 52. Geburtstag kann also ein Mensch auf dem kombinierten Haab- und Tzolkin-Kalender wieder dasselbe Datum ablesen.

Nach 52 Jahren beginnt das Rad eine neue Umdrehung, ein »Neues Feuer« wird entzündet, ein Kreis schließt sich, ein anderer erneuert sich in einer höheren Dimension. Und so muss ein jeder Mensch mit 52 Jahren in sich selbst neu geboren werden, denn der nächste Zeitkreis, den er folgerichtig erst mit 104 Jah-

Der heilige Maya-Kalender

ren vollenden würde, verlangt von ihm eine Geistes-
haltung, die von Aufgeschlossenheit, Flexibilität und
liebevoller Zuwendung geprägt ist.

Das Studium der Geschichte mit ihren wiederkehrenden Zyklen lässt uns nach Ansicht der Maya-Weisen nicht nur die Gegenwart besser verstehen, sondern
erschließt uns auch die Zukunft. Alles kehrt zurück zu
seinem Ursprung. In der Weltanschauung der Maya
finden Vergangenheit, Gegenwart und Zukunft in ein
und derselben Dimension statt, denn diese Zeitsphä-
ren haben eine kugelförmige Gestalt. Es sind Zyklen,
die ewiglich wiederkehren. Im Chilam-Balam heißt es:
»Dreizehn mal zwanzig Jahre, und danach wird alles
immer wieder neu beginnen.«

Der Dresdner Codex

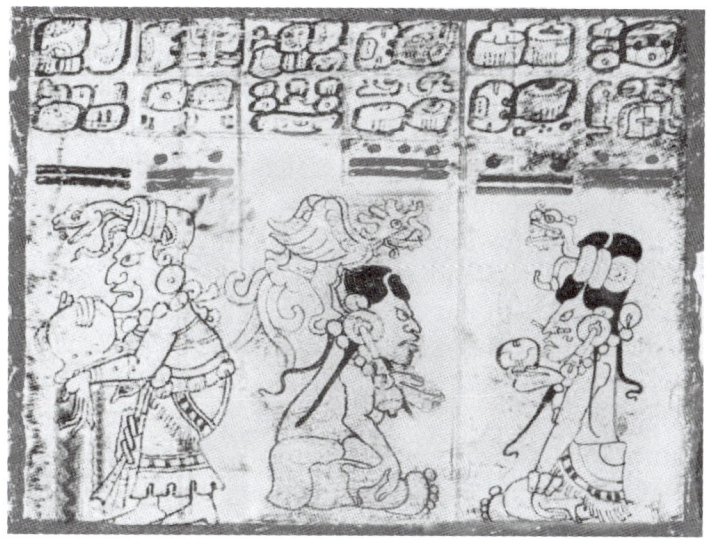

Katholische Missionare haben bei ihren Bücherver-
brennungen die alten Maya-Handschriften fast völlig
zerstört. Eine unschätzbare Quelle an Weisheit und
Erkenntnis ging auf diese Weise unwiederbringlich
verloren. Mit Schaudern denken wir an das Autodafé
von Mani, das der Franziskanermönch und Bischof
von Yucatán, Diego de Landa, zu verantworten hat.
Nur wenige dieser Handschriften blieben erhalten. In
der Hauptsache handelt es sich dabei um die mittler-
weile zum Codex Tro-Cortesianus vereinigten Frag-
mente Tro und Cortesianus, die sich im Museo de las
Americas in Madrid befinden, und um den Dresdner
Codex.

Maya-Forscher wie Ernst Förstemann fanden her-
aus, dass manche Abbildungen im Dresdner Codex
Sonnenfinsternisse voraussagen; daneben sind auch
Zyklen der Venus beschrieben, ein Planet, der für das
Zeitverständnis der Maya große Bedeutung hatte.

Der aus Rindenpapier gefertigte Dresdner Codex
gilt als wichtigste erhaltene Maya-Handschrift. Es
handelt sich um einen Kalender mit den Abbildungen
von Göttern oder Wesenheiten, die auf den jeweiligen
Tag einwirken. Neben dem Kalender wird hier auch
das Zahlensystem der Maya mit seinen Querstrichen
und Punkten in allen Einzelheiten erklärt.

Bei der eingehenden Untersuchung dieser Hand-
schrift stieß man auf die Lange Zählung, das Datum,
an dem die großen Zivilisationen erschaffen werden.
Für die Maya sind bis heute vier Generationen, vier
große Zyklen oder Sonnen verstrichen, deren Ende
immer mit Naturerscheinungen oder Naturkatastrophen einherging. Die Lange Zählung der fünften Sonne oder die fünfte Zivilisation, in der wir uns gegen-

wärtig befinden, begann mit dem Maya-Datum 4 Ahau 8 Cun Hú. Dieses Datum steht nach dem gregorianischen Kalender für den 13. August 3114 vor unserer Zeitrechnung und wird mit der Geburt des Planeten Venus in Verbindung gebracht.

Manche Maya-Forscher weichen in ihren Berechnungen minimal von dieser Datierung ab. Der Unterschied beträgt etwa ein Jahr und ist angesichts der wahrhaft langen Zeitrechnung vernachlässigbar.

Im Dresdner Codex wird auch das Ende für diesen großen Zyklus festgelegt: Unsere fünfte Zivilisation wird nach 13 Baktunen, das heißt nach 1.872.000 Tagen, am 22. Dezember des Jahres 2012, zu Ende gehen. Die zeitliche Nähe dieses Datums, mit dem ein großer Zyklus innerhalb der Langen Zählung enden wird, versetzt viele Menschen in gespannte Erwartung. Fragen nach dem Wie und Warum dieses Zyk-

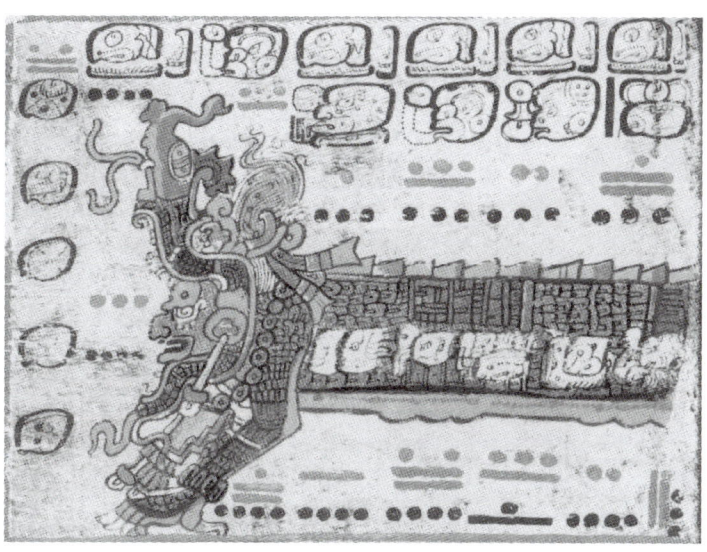

lenendes werden gestellt. Wohin wird uns der Beginn einer neuen Zeitspirale führen? Wir können diese Fragen beantworten, weil uns die authentische Botschaft der Maya für diesen Zeitraum unmittelbar verständlich ist.

Mani = fest der Patrioten Europas Viktor Orban, A. Babiš & FPÖ Obmann Herbert Rickl — informiere di uf youtube in FPÖ TV !

2
Die Sonne und die Weissagungen der Maya

Die Sonne war das königliche Gestirn der Maya. Ihre Strahlen spendeten das Leben, doch zugleich setzte sie die Kreisläufe von Tod und Wiedergeburt in Gang. Deshalb gaben ihr die Maya den Beinamen »Schöpfer der großen Zyklen«. In ihrer bildlichen Art, kosmische Phänomene zu beschreiben, erfassten sie damit ganz präzise den unmittelbaren Einfluss der Sonne auf alles, was hier auf unserem Planeten und im menschlichen Leben geschieht. Ihr eher ganzheitlicher als »wissenschaftlicher« Blick erkannte in der Sonne ein Lebewesen mit eigener Intelligenz und besonderen Zielen. Sie nannten dieses Wesen den Großen Sonnengeist: Kinich Ahau. In unübertrefflicher Weisheit führt die Sonne ihre Planeten und die sie begleitenden Himmelskörper durch die Zeiten. Alles, was sie für ihre eigene Entwicklung benötigen, empfangen sie von der Sonne. Denn die Sonne ist viel mehr als nur ein Stern mit sich wiederholenden bzw. spontanen Bewegungen, und im Vergleich mit ihr sind unsere menschlichen Fähigkeiten – zu fühlen, zu leben, Inspirationen zu haben usw. – begrenzt. Inzwischen weiß man, dass selbst eine einfache Pflanze Gefühle und Neigungen hat. Sie weiß, was sie will. Wie viel mehr müssen wir da der Sonne eine eigene Intelligenz zugestehen: dass sie weiß, was sie will, wohin sie geht, dass ihr voranschreitendes Bewusstsein unserer menschlichen Sicht der Welt weit überlegen ist. Von ihrer unermesslich viel höheren Warte aus hat sie tiefere Einblicke in die Zyklen der Zeit als wir.

Sobald wir all dies erkannt haben, werden wir auch die Vorgänge auf der Sonne besser verstehen, von denen die gegenwärtige Übergangsphase hin zu einem neuen Rhythmus in Raum und Zeit begleitet wird.

Viele Prophezeiungen, die auf den Berechnungen der Maya basieren, sagen für diesen Zeitraum beispiellose Sonnenaktivitäten voraus, mit erheblichen klimatischen, geologischen, magnetischen Veränderungen und einem bioenergetischen Wandel bei uns Menschen.

→ *Farbige Abbildung Sonne siehe Bildteil, Seite 257*

Sonnenflecken

Zu den bestuntersuchten Erscheinungen im Zusammenhang mit den Berechnungen der Maya zählen die Sonnenflecken mit ihrem etwa elfjährigen Rhythmus. Es handelt sich dabei um Regionen, deren Temperatur niedriger ist als die ihrer Umgebung. Sie sind also relativ gesehen kühler als die übrige Sonnenoberfläche. Daher wirken sie wie dunkle Flecken mit einem etwas helleren Hof. Es herrscht dort eine intensive magnetische Aktivität. Ein Sonnenfleck kann leicht 12.000 km Durchmesser haben und damit etwa so groß wie die Erde sein. Es gibt aber auch Gruppen von Flecken mit zehnfacher oder noch größerer Ausdehnung.

Dieser Zyklus dauert ungefähr 11,1 Jahre, andere Gelehrte reden von 11,4 Jahren, während neueste Stu-

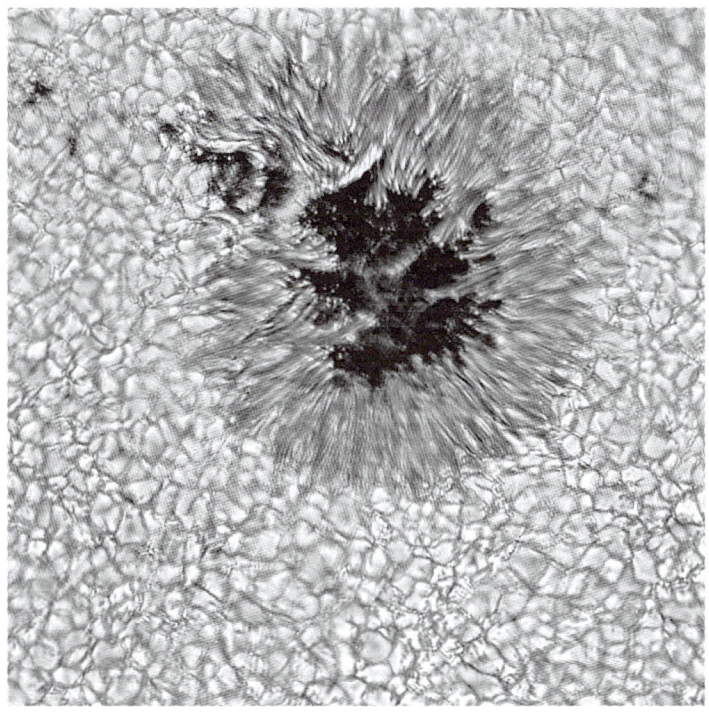

dien herausgefunden haben, dass dieser Zyklus maximal 12,46 Jahre dauert.

Aus den Sonnenflecken heraus kommt es zu gewaltigen Explosionen, die unter dem Namen koronaler Massenauswurf (KMA, auch Protuberanzen) bekannt sind. Dabei werden Strahlung und ionisierte Teilchen buchstäblich durch das ganze Sonnensystem geschleudert; auch unsere Erde ist öfters einem solchen Bombardement ausgesetzt.

Manche Studien sehen eine Verbindung zwischen den Zeiten höchster Sonnenfleckenaktivität und Klimawandel: So ist von Trockenperioden die Rede, von extremen Regenfällen oder Veränderungen der Tageslänge; diskutiert wird auch die Auswirkung der intensiven magnetischen Wellen auf die obere Schicht der Erdatmosphäre sowie ihr Einfluss auf das Wetter, das Verhalten der Tiere, das Wasser und nicht zuletzt auf moderne technische Anlagen, wie zum Beispiel Satelliten und Computer.

- Am 1. September 1859 sandte die Sonne ein gewaltiges Strahlensignal aus, das den telegrafischen Verkehr auf der Erde unterbrach. In so weit südlich gelegenen Orten wie Havanna, Hawaii und Rom waren Nordlichter zu sehen. Ein ähnlicher magnetischer Sturm wurde auf der Südhalbkugel wahrgenommen.

- Das stärkste Strahlensignal, das jemals von einem Satelliten aufgefangen wurde, setzte am 4. November 2003 um 19.29 Uhr koordinierter Weltzeit (UTC) ein und legte elf Minuten lang sämtliche Instrumente lahm. Dieser Materieausbruch ereignete sich in der damals aktivsten Sonnen-Region 486 und brachte ein ungeheures Maß an Röntgenstrahlung hervor.

Magnetfelder der Sonne

Auf der Sonne gibt es zwei Magnetfelder. Zum einen das von Pol zu Pol verlaufende, also bipolare Magnetfeld. Es ist in seiner Ausrichtung dem Magnetfeld der Erde recht ähnlich. Allerdings findet hier alle elf Jahre eine Umpolung statt. Dieser Prozess führt zu dem anderen Magnetfeld-System: Rund um den Äquator der Sonne bilden sich starke lokale Magnetfelder, die durch die Strömung der elektrisch leitenden Gase hervorgerufen werden.

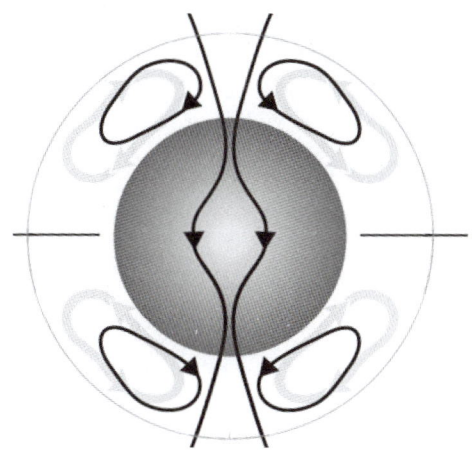

Die Magnetfelder der Sonne

Die Art und Weise, in der sich die Sonne um sich selbst dreht, nennt man »differentielle Rotation«, das heißt, verschiedene Regionen drehen sich unterschiedlich schnell. Am Äquator dauert diese Rotation 25 Tage, in mittleren Breiten, z. B. auf dem 40. Längengrad, 28 Tage, und an den Polen noch länger. Weil der magnetische Fluss in einer enormen Spirale vom Äquator Richtung der Pole verläuft, drehen sich die Magnetfelder dabei, bildhaft gesprochen, wie gigantische Locken. Das erzeugt kleine Gebiete von intensivem Magnetismus unter der Oberfläche. Nach Ansicht der Wissenschaftler steigen diese magnetischen »Locken« allmählich zur Oberfläche hinauf und rufen dort die auf unserem königlichen Gestirn so häufigen Sonnenflecken hervor.

Von einem »koronalen Massenauswurf« oder einer »eruptiven Protuberanz« spricht man dann, wenn bei einem Ausbruch auf der Sonne ein fackelartiges Gebilde aus kühlerem und dichtem Material abreißt und als Wolke von Strahlung und Sonnenwind in den Raum geschleudert wird. Explosionen dieses Typs erschüttern ohne Vorwarnung die ansonsten relativ ruhige Sonnenatmosphäre und entlassen gewaltige Mengen elektrischer Energie in das gesamte Sonnensystem, die leuchtende ionisierte Teilchen hervorbringen. Als Sonnenwind fegen sie durch den Raum, und wenn diese koronalen Massenauswürfe die Erde erreichen, können sie dort ernsthafte Auswirkungen haben.

Die intensive Sonnenstrahlung kann in nur acht Minuten die Erde erreichen. Wenn die ionisierten Teilchen auf die hohen Schichten der Erdatmosphäre treffen, werden sie als Polarlichter sichtbar. Die Schockwellenfronten nach einem koronalen Massenauswurf stellen eine Gefahr für Satelliten und Astronauten in der Umlaufbahn um die Erde dar. Außerdem stören sie die Kommunikationswege. Auf der Erde kann es durch diese magnetischen Stürme zu Stromausfällen kommen.

Sonnenwind

Unser herrliches königliches Gestirn vermag eine Million Tonnen an Materie pro Sekunde in den Raum zu schleudern. Diesen Strom aus elektrisch geladenen Teilchen nennt man Sonnenwind. Auf ihrer Reise durch den Weltraum bewegen sich die geladenen Partikel mit einer Hyperschallgeschwindigkeit von 200 bis zu 800 km/sek. Diese Teilchen haben selbst jenseits der Umlaufbahn des Pluto noch nichts an Geschwindigkeit eingebüßt.

Der Sonnenwind reißt das lokale Magnetfeld der Sonne als interplanetares Magnetfeld mit sich fort. Wenn es in nördlicher Richtung polarisiert ist, prallt es bei einer Kollision mit dem Magnetfeld der Erde an der Magnetosphäre unseres Planeten ab. Bei südlicher Polarisation hingegen können länger andauernde magnetische Stürme entstehen: Teilchen und magnetische Energie dringen in die Magnetosphäre der Erde ein und beeinträchtigen elektrische Kreisläufe, Kommunikationswesen, Rundfunk- und Fersehübertragungen etc.

In den letzten Jahren konnte man selbst in Mexiko und Florida Nordlichter beobachten, also ungewöhnlich weit im Süden. Die Sonnenaktivität nimmt gegenwärtig verstärkt Einfluss auf den Planeten Erde: Sie führt ihm gewaltige Felder elektromagnetischer Energie zu, Energie, die geeignet ist, die Schwingungen der Erde zu erhöhen. Das ist gerade so, als würden ihr starke Magnete angelegt, um ihr harmonisches Gleichgewicht wiederherzustellen und so die geschundenen Gebiete zu heilen, die der Mensch in seiner Gier geplündert hat.

Man kann diese Phänomene als Versuche der Sonne ansehen, unserer Mutter Erde zu helfen. Sie zeigen uns, wie hier eine Intelligenz unseren Planeten mit Liebe überschüttet, um ihn für seine Bewohner gesund zu erhalten und seine Zukunft zu sichern.

Wir Menschen brauchen eine neue Vision, frei von allen alten Mustern der Einschüchterung, einem Erbe der großen Katastrophen in unserer Vergangenheit. Wir

brauchen ein globales Verständnis für ein Universum, das darauf ausgerichtet ist, eine größtmögliche Harmonie aufrechtzuerhalten und Leben hervorzubringen.

Nach Meinung von Sonnen-Experten steht uns ein außergewöhnliches Maximum bei der Sonnenaktivität bevor, das ab dem Jahr 2010 einsetzen wird. Eine noch nie dagewesene Anzahl an Sonnenflecken wird mit ihren bekannten Auswirkungen das Antlitz der Erde verwandeln. Der nächste Sonnenzyklus wäre damit der heftigste in der Geschichte ihrer Aufzeichnungen, die vor 400 Jahren mit Galileos Beobachtungen begannen. Anscheinend hatten jedoch auch schon die Weisen der Maya herausgefunden, dass um 2012 herum die Sonne außergewöhnlich aktiv sein und damit ungeahnte Veränderungen hervorrufen würde.

Wenn sich die aus den Sonnenflecken emporragenden Magnetfeldbögen kurzschließen und dabei die angestaute Energie schlagartig fortgeschleudert wird, schießen Feuerzungen empor, deren Strahlung das gesamte elektromagnetische Spektrum abdeckt, von Radiowellen bis zu Röntgen- und Gammastrahlen. Die Energie dieser Ausbrüche entspricht Millionen von Wasserstoffbomben und ist 100 Millionen Mal heftiger als ein Vulkanausbruch.

Man sollte meinen, dass die erschütternde Gewalt eines solchen Ausbruchs das gesamte Sonnensystem in Brand setzt. Und doch ist das, was davon letztlich zur Erde gelangt, nur ein heftiges Trommelfeuer aus elektromagnetischer Strahlung und energiegeladenen Teilchen, vor dem uns die Erdatmosphäre normalerweise schützt.

Die Nordhalbkugel der Erde mit ihrer nördlichen polaren Ausrichtung zieht gewöhnlich diese Energie an, weshalb jene solaren Feuerzungen dort das grandiose Naturschauspiel der Nordlichter hervorrufen.

Aufgrund der gesteigerten Sonnenaktivität, die für die kommenden Jahre zu erwarten ist, werden wir aber sehr wahrscheinlich fast überall auf der Erde den bereits genannten Begleiterscheinungen ausgesetzt sein: Nicht nur die Satelliten, die Kommunikationsmittel und die elektromagnetischen Felder werden davon berührt, sondern auch unsere menschliche Psyche. Unsere gesamte Bioenergie wird vermutlich eine besondere Strahlung empfangen. Doch wenn wir im Einklang sind mit dem Fluss der göttlichen Intelligenz, wird dieser Impuls unsere Schwingungen, unsere Kreativität und unser Bewusstsein auf höchste Ebenen emporheben.

Allerdings werden sich unter dem Einfluss dieser Energieladungen auch die negativen Befindlichkeiten unseres Bewusstseins verstärken. Das mag bei ängstlichen Personen zu Panik oder anderen gefährlichen Erregungszuständen führen. Deshalb ist es heute – und heute mehr denn je – so überaus wichtig, dass wir uns ganz entschieden darum bemühen, unseren inneren Frieden zu wahren. Wir müssen versuchen, unser Gleichgewicht zwischen den Kräften des Himmels und der Erde zu finden, und höchste spirituelle Maßstäbe anlegen. Werden wir dann von einer solchen Energieladung erfasst, so tragen uns die Wogen strahlenden Lichtes wie auf einem Wellenkamm zu den erhabensten Dimensionen unseres Seins empor und verwandeln uns wahrhaftig in von Weisheit, Licht und Verständnis durchdrungene strahlende Gottheiten. Und so wollen wir als Menschenwesen mit neu erwachtem Bewusstsein eine Neue Erde bewohnen.

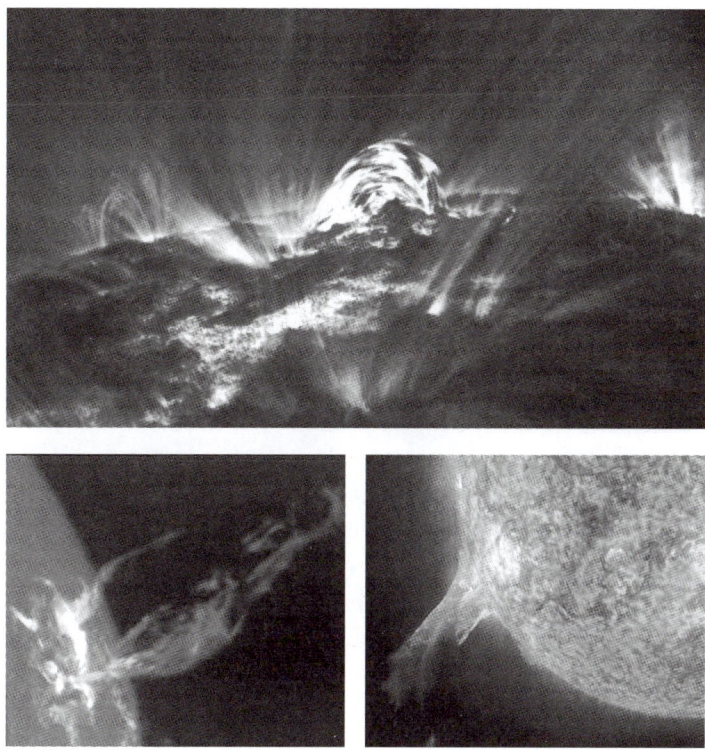

Sonneneruptionen

Eine Sonneneruption ist eine gewaltige Explosion in der Chromosphäre der Sonne. Dabei werden Energien freigesetzt, die Wasserstoffbomben im zweistelligen Millionenbereich entsprechen. Das Plasma wird auf Millionen Grad aufgeheizt und Elektronen, Protonen und schwerere Ionen fast auf Lichtgeschwindigkeit beschleunigt.

Bei diesen Ausbrüchen wird Strahlung in allen Bereichen des elektromagnetischen Wellenspektrums freigesetzt, von Radio-Langwellen bis zu den ultrakurzen Gammastrahlen.

Die Mehrzahl der Eruptionen erfolgt im Bereich der Sonnenflecken, wo starke Magnetfelder von der Sonnenoberfläche zur Korona aufsteigen und dabei im Laufe von Stunden oder Tagen gewaltige Energiemengen ansammeln.

Sonneneruptionen werden mit den erwähnten koronalen Massenauswürfen in Zusammenhang gesehen, die großen Einfluss auf das von der Sonne ausgehende »Weltraumwetter« haben. Sie schleudern die hochenergetischen Partikelströme empor, die als Sonnenwind in die Magnetosphäre der Erde gelangen. Teilweise bestehen diese magnetischen Stürme aus Protonen, die den menschlichen Körper durchdringen und sich auf seine Biochemie auswirken können. Auf dem Weg zur Erlangung eines Lichtkörpers, wie er uns von einer höheren Dimension her zugedacht ist, müssen diese biochemischen Auswirkungen nicht notwendigerweise schädlich sein, sondern können auch dazu beitragen, die biochemischen Muster des Menschen zu veredeln. Eine Sonneneruption, die sich am 20. Januar 2005 zugetragen hat, setzte die höchste je direkt gemessene Konzentration an Protonen frei, die lediglich 15 Minuten bis zur Erde brauchten.

Auf der Erde können Sonneneruptionen die elektrischen Leitungen des telefonischen Fernverkehrs per Kabel beeinträchtigen, ebenso die Radarsysteme und den Mobiltelefonverkehr, das GPS-System und im Grunde jegliche elektronische Technologie. Wenn wir bedenken, wie sehr unser modernes Leben von diesen Apparaten abhängig ist, wird deutlich, dass hier enorme Auswirkungen auf ein Wirtschaftssystem zu erwarten sind, das auch bei der Kommunikation im Festnetz auf hochentwickelten elektronischen Systemen basiert, die darüber hinaus auf Satellitenunterstützung angewiesen sind.

Um wirklich auf die machtvolle Sonnenaktivität vorbereitet zu sein, die von Wissenschaftlern prognostiziert und von den Weisen der Maya prophezeit wurde, ist es unerlässlich, dass wir uns eine Parallelwelt erschaffen, die schlicht und einfach ist. Wir müssen lernen, uns wohlzufühlen, ohne dabei dieser ganzen modernen Technologie mit ihren Apparaturen ausgeliefert zu sein.

Normalerweise sind Sonneneruptionen moderat und dauern nur Sekunden bis einige Minuten. Aber die Wissenschaftler erwarten für die Jahre 2011 und 2012 ein Maximum der Sonnenaktivität. Man rechnet mit Sonneneruptionen, die zehnmal stärker sind als alles bisher Dagewesene, was die elektrischen Signale mehrere Stunden lang um mehr als 90 Prozent abschwächen könnte. Solche Ereignisse werden uns aus unseren gewohnten Zeitbegriffen, aus unseren gewohnten Daseinsbedingungen herausreißen. Als Menschheit werden wir nur dann darauf vorbereitet sein, wenn wir fähig sind, uns auf unseren inneren Frieden zu besinnen. Nur wenn unsere Lebensgewohnheiten einfach sind und wir uns eins fühlen mit einer wahrhaft natürlichen Welt, werden wir diese Erfahrungen mit viel Lebensfreude, innerer Stärke und einer mystischen und tiefgehenden Sicht der Ereignisse überstehen.

Sonnenstrahlung

Die Sonne sendet Strahlung quer durchs elektromagnetische Spektrum aus und verhält sich dabei praktisch wie ein »dunkler Körper«, der selbst Energie abgibt. Die Sonnenstrahlung reicht von Infrarot bis Ultraviolett. Indessen gelangt nicht alle Strahlung bis zur Erdoberfläche, denn die besonders kurzen ultravioletten Wellen werden von den Gasen der Atmosphäre absorbiert, darunter hauptsächlich vom Ozon. Mit Wellenlängen zwischen 0,15 und 4 Mikrometern kann diese Strahlung Atome ionisieren, Elektronen anregen und Moleküle spalten oder schwingen lassen. Diese Energie kann zu neuen Gesetzmäßigkeiten in der Bewegung der Moleküle unseres Körpers führen und somit unsere Schwingungen auf das Niveau elektrischer Felder anheben.

Die thermische Energie der Erde liegt im Bereich der infraroten Strahlung. Sie reicht 3 Mikrometer weit und kann Moleküle vibrieren oder rotieren lassen. Die Energie, die von der Sonne zu uns gelangt, heizt auf ihrem Weg den Wasserdampf in einigen Schichten der Erdatmosphäre auf und beeinflusst die Dichte der dort vorhandenen Gase. Dabei können die atmosphärischen Kreisläufe aus dem Gleichgewicht geraten und Phänomene wie der Treibhauseffekt entstehen, der die Temperaturen ansteigen lässt.

Die Gegenwart unseres königlichen Gestirns und seiner leuchtenden Strahlung ist schlechthin unverzichtbar für das Leben auf unserem Planeten. Das Sonnenlicht ermöglicht die Photosynthese der Pflanzen, pflanzenfressende Tiere verleiben sich indirekt die dort gespeicherten kleinen Energieeinheiten ein, und die Fleischfresser nehmen beim Verzehr ihrer pflanzenfressenden Beutetiere eine noch größere Menge davon auf.

Gemäß der Botschaft der »Intelligenz der Sonne«, von den Maya Kinich Ahau genannt, soll der Mensch lernen, sich direkt von der Sonnenenergie zu nähren. Wenn er sich und auch seinen Atem mit dem Bewusstsein der Sonne verbindet, geraten beide Rhythmen, jener der Sonne und der des Menschen, in einen harmonischen Zusammenklang. Dann nährt die Sonne den Menschen unmittelbar mit ihrem Licht, das umso mächtiger wirkt und eine tiefe mystische Vereinigung der beiden Wesenheiten schafft.

Nun kann es bekanntlich der Gesundheit schaden, wenn man sich der Sonnenstrahlung in übertriebener Weise aussetzt. Bei zunehmender Sonnenaktivität und dünner werdender Ozonschicht gelangt immer mehr von der gefährlichen ultravioletten Strahlung bis auf die Erdoberfläche, wodurch sich das Hautkrebsrisiko erhöht. Doch wenn wir beim Genuss der Sonnenstrahlen Maß halten, wird sich unser Körper allmählich diesen neuen Bedingungen anpassen. Solange wir also noch nicht auf die Veränderungen, die das Neue Sonnenzeitalter mit sich bringt, eingestimmt sind, wird uns ein kluges Maßhalten beim Sonnenbaden helfen, gesund zu bleiben.

Sonnenfinsternisse

Zu den Naturereignissen, die wir am meisten bewundern, gehört das eindrucksvolle Schauspiel einer Sonnenfinsternis: Die große Sonnenscheibe wird durch den Schatten des Mondes verdunkelt und nur noch ihre leuchtende Korona erstrahlt als gleißender Rand oder Lichtkranz. Eine solche Sonnenfinsternis ist von bestimmten Orten der Erde aus zu sehen, wenn sich der Mond vor die Sonne schiebt. Das geschieht nur bei Neumond, wenn Sonne und Mond in Konjunktion zueinander stehen. Man unterscheidet drei Typen von Sonnenfinsternissen:

a) Wenn der Mond die Sonnenscheibe nicht vollständig bedeckt, handelt es sich um eine partielle Sonnenfinsternis.

b) Bei einer totalen Sonnenfinsternis sieht man von einem begrenzten Streifen der Erdoberfläche, wie der Mond die Sonne vollständig verdeckt. Außerhalb dieser Zone, auf einer größeren Bahn, sieht man wiederum eine partielle Sonnenfinsternis. Der Sichtbarkeitsbereich der Totalität entspricht dem vom Mond geworfenen Schattenband. Eine totale Sonnenfinsternis dauert zwei bis sieben Minuten, das ganze Schauspiel vom Beginn der Verfinsterung bis zum vollständigen Austritt der Sonne aus der Mondabdeckung kann ungefähr zwei Stunden dauern.

c) Zu einer ringförmigen Sonnenfinsternis kommt es dann, wenn der Mond sehr weit von der Erde entfernt ist (er befindet sich im sogenannten Apogäum). Sein scheinbarer Durchmesser ist dann kleiner als die Sonnenscheibe, von der während der maximalen Phase der Bedeckung ein leuchtender Ring sichtbar bleibt. Auch in diesem Fall ist außerhalb des Sichtbarkeitsbereichs eine partielle Sonnenfinsternis zu sehen.

Diese astronomischen Phänomene wurden von den Himmelsbeobachtern der Maya eingehend studiert. Sie maßen ihnen eine besondere Bedeutung bei, da sie mit wichtigen Veränderungen im Leben des Planeten und daher auch im Leben des Menschen einhergehen. Mit ihrer analytischen Intelligenz erkannten die Wei-

sen der Maya in der Verfinsterung der Sonne ein himm-
lisches Vorzeichen für den Beginn neuer Daseinszyk-
len.

Eine ganz besondere Sonnenfinsternis fand am
11. August 1999 statt: Mit ihr begann das Ende der
Langen Zählung, die bedeutungsvolle Phase der letzten dreizehn Jahre. In der Überlieferung der Maya
entsprechen sie den dreizehn letzten Siegeln der Prophezeiung, der dreizehnstufigen Treppe auf jenem
Pfad, der uns zur höchsten Ebene der spirituellen
Befreiung führen kann. Wie bereits erwähnt, wurde
der 22. Dezember 2012 als Datum für das Ende dieser
Ära vorausgesagt.

Man weiß, dass seit der Finsternis vom 11. August
1999 die Sonnenaktivität erheblich zugenommen hat,
während sich auf der Erde Naturereignisse häufen, die
mit klimatischen und geologischen Veränderungen
einhergehen. Es gibt seitdem aber auch einen verstärk-
ten Wandel im gesellschaftlichen Leben und ein steti-
ges Wachstum des spirituellen Bewusstseins.

Diese dreizehn Jahre entsprechen einer »zeitlosen«
Zeit, einer Zeit der Gnade, in der die Menschen in
Kontakt mit ihrer inneren Kraft treten und die Multidimensionalität ihrer Existenz erkennen müssen. Nur
dann werden sie sich selbst als ganzheitlich erfahren
und nicht mehr als eine begrenzte und rein stoffliche
Einheit. Denn mit dem Zusammenbruch der materiellen Bedingungen, wie wir sie kennen, wird auch unsere begrenzte Einsicht in unser Dasein zusammenbre-
chen. Wenn wir jedoch in der Lage sind, uns ein
erweitertes Verständnis von uns selbst und vom Universum zu erarbeiten, werden wir die kommenden
Ereignisse in harmonischer Übereinstimmung anneh-

men können. Das wird uns nicht nur verwandeln, sondern den Prozess des Aufstiegs, der Erleuchtung und Erweiterung unseres Bewusstseins beschleunigen.

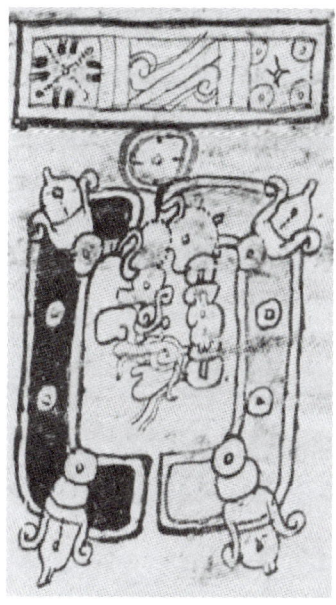

Darstellung einer Sonnenfins-   *Kinich Ahau, der Herr der Son-*
ternis im Dresdner Codex   *ne, während einer Finsternis*

Der 11. August 1999 ist auch deshalb ein in spiritueller Hinsicht wichtiges Datum, weil an diesem Tag ein »Kosmisches Kreuz« am Himmel erschien, das Vorzeichen einer kommenden Veränderung: Die wichtigsten Planeten standen in den Tierkreiszeichen Wassermann, Stier, Löwe und Skorpion. Diese vier Sternbilder gelten als die fixen Zeichen des Sternkreises. Sie werden in Zusammenhang mit den vier Evangelisten gesehen und symbolisieren zugleich die vier wesentlichen

Eigenschaften des Menschen, wie sie in der Sphinx von Gizeh dargestellt sind: Wissen, Wollen, Wagen und Schweigen. Beim Kosmischen Kreuz vom 11. August 1999 stand Uranus, der Herrscher dieses Zeichens, begleitet von Neptun, im Wassermann; der Stier beherbergte Jupiter und Saturn; im Löwen trat die Sonne in Konjunktion mit dem Mond, wodurch die Finsternis ja erst möglich wurde, und dort hielt sich auch Merkur auf (die Sonne im Löwen stand unter seiner Regentschaft); der Mars befand sich im Skorpion.

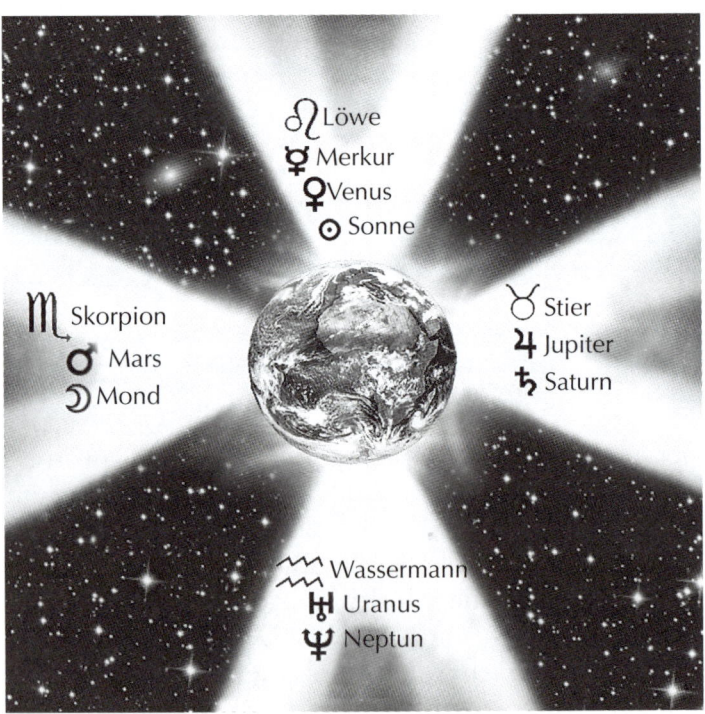

Das Große Kosmische Kreuz vom 18. August 1999

Das zeitliche Zusammentreffen dieser Sonnenfinsternis mit einem Großen Kosmischen Kreuz zählt zu den wichtigsten Himmelserscheinungen der jüngsten Vergangenheit. Dieses Große Kosmische Kreuz war am 18. August 1999 perfekt ausgerichtet, als sich bis auf Pluto alle Planeten des Sonnensystems in Form eines Kreuzes zusammenfanden, so dass wir am Himmel die großen prophetischen Zeichen aus den Büchern der Offenbarung erblicken konnten, mit denen das Zeitalter der vollständigen Verwirklichung des transzendenten Menschen einsetzt.

Rotationszyklen

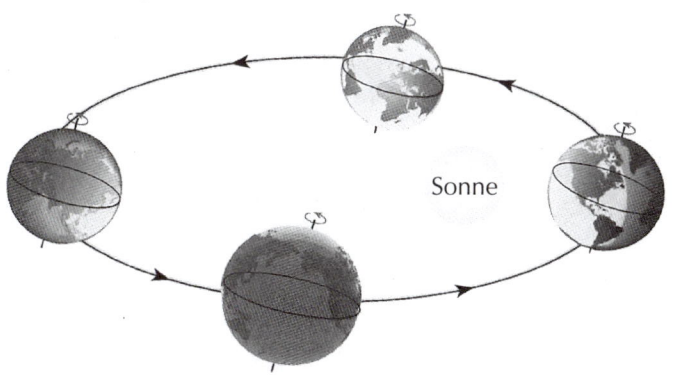

Sonne

Noch heute staunen die Wissenschaftler über die Präzision, mit der die Maya die Dauer eines irdischen Jahres, also eine komplette Umrundung der Sonne, berechneten: Sie kamen auf 365,2420 Tage, während man heute mit aller technologischen Spitzfindigkeit 365,2422 Tage dafür ansetzt (NASA). Unter der Voraussetzung, dass wir uns das gesamte Geschehen im Universum erklären können, wenn wir ein Fragment desselben geistig durchdrungen haben, wird verständlich, dass ein solches Sonnenjahr (oder tropisches Jahr) die gleichen Merkmale aufweist wie ein Jahr in einem erweiterten Zeitbegriff.

Die Maya berechneten auch die Rotation unseres Sonnensystems um die Sonne in der Milchstraße und gaben 25.625 Jahre für die Vollendung einer Umkreisung an. Dieser große Sonnenzyklus entspricht der Lebensspanne des Großen Sonnengeistes, der durch seine fünf Daseinsphasen schreitet, die der Morgenröte, dem Vormittag, dem Mittag, der Abenddämmerung und der Nacht des Erdentags entsprechen. Folgerichtig ist diese Zählung in fünf Abschnitte von 5.125 Jahren unterteilt. Und beim Übergang zwischen diesen Phasen, die sich aus der kreiselnden Bewegung der Erdachse und ihrem Verhältnis zur Sonne ableiten, ist auch das Leben auf unserem Planeten grundsätzlichen Veränderungen unterworfen.

Gegenwärtig befinden wir uns in der Endphase eines solchen Zyklus von 25.625 Jahren, das heißt, wir durchleben gerade den letzten Abschnitt der letzten 5.125 Jahre, also die Nacht dieses Zeitalters. Mit dem Jahr 2012 treten wir voraussichtlich in den ersten Abschnitt einer neuen Ära ein, es beginnt gleichsam der Morgen eines neuen Tages innerhalb der großen Bewegung unseres Sonnensystems um das Zentrum der Galaxis. Wir sind also nicht nur am Ende einer Langen Zählung angelangt, sondern es schließen sich auch noch andere Kreise: Zum einen endet ein Katun, das 20 Jahren entspricht und 1992 begann, zum anderen ein Baktun, das heißt, eine Zählung von 144.000

Tagen; darüber hinaus schließt sich ein Kreis von Baktunen und nicht zuletzt ein großer Hauptzyklus von 25.625 Jahren (ein Sonnenzyklus bzw. ein Zyklus der Präzession).

Für den 6. Juni 2012 ist eine Konjunktion inferiore zwischen Venus und Sonne errechnet worden, auch dies laut Dresdner Codex ein wichtiges Datum in der astronomischen Zeitmessung der Maya. Eine solche Konjunktion liegt vor, wenn die Venus zwischen der Erde und der Sonne steht. So etwas kommt nur alle 104 Jahre vor, das heißt, nach zwei Zyklen von 52 Jahren (dem Zeitraum, nach welchem Haab- und Tzolkin-Kalender wieder das gemeinsame Ausgangsdatum zeigen). Die Maya, deren astronomische Sichtweise sich grundsätzlich an Ereignissen dieser Art orientierte, verknüpften mit der Konjunktion inferiore zwischen Venus und Sonne eine Serie von Wandlungen im Lauf der Zeiten.

Die Ausrichtung der Sonne auf das Zentrum der Galaxis

Die Maya-Astronomen haben ferner vorausgesehen, dass 2012 die Bewegung der Sonne durch das Himmelsgewölbe, wie sie von der Erde aus wahrgenommen wird, mit einem dunklen Fleck im Zentrum der Milchstraße, der sogenannten Sagittarius-Dunkelwolke, zusammenfallen wird. Auf Englisch heißt diese dunkle Spalte im Sternbild des Schützen »Dark Rift«. Genau diese Stelle hatten die Sternkundigen der Maya-Zivilisation zum Ausgangspunkt ihrer Berechnungen gemacht, als sie die Verschiebung der Sonnenposition zur Zeit der Sonnenwenden untersuchten. Dazu stellte der Maya-Forscher John Major Jenkins eine außergewöhnliche Hypothese auf: »Die Maya entwickelten ihre ›Lange Zählung‹ nicht als eine Anzahl von Tagen ausgehend von einem bestimmten Punkt in der Vergangenheit, sondern abhängig davon, wie viele Tage bis zur Konjunktion mit dem ›Dark Rift‹ fehlten. Mit erstaunlicher Exaktheit ›wussten‹ sie, dass diese Konjunktion 2012 stattfinden würde, und sie wählten den 22. Dezember, um von dort aus rückwirkend ihre Zeitalter aneinanderzureihen, bis sie auf den 13. August 3114 v. Chr. als Ausgangsdatum für den Beginn der Geschichtszählung kamen.«

Demnach läge hier ein einzigartiger Fall vor: Anders als all die anderen Kulturen der Erde hätten die Maya ihren Kalender nicht nach Maßgabe der vergehenden Zeit angelegt, sondern in Bezug auf die Zeit, die uns noch zum Erreichen eines Gipfelpunkts menschlicher Erfahrung fehlt. Das heißt, hier läge eine rückläufige Zählung vor, die von einem vorausberechneten Endpunkt zu einem daraus abgeleiteten Anfangspunkt gelangte.

Die »Galaktische Ausrichtung«, die Jenkins hier untersucht hat, betrifft den Punkt, auf den die Sonne von der Erde aus gesehen zur Zeit der Wintersonnenwende zeigt. Die langsame Veränderung in dieser Ausrichtung ergibt sich als Folge der Präzession, das heißt, der Verlagerung der Rotationsachse der Erde vor allem aufgrund des von Sonne und Mond auf die abgeplattete Erde ausgeübten Drehmoments.

Der Mathematiker und Astronom Jean Meeus hat ausgerechnet, dass die galaktische Ausrichtung auf das Zentrum unserer Milchstraße – ihr Band markiert den galaktischen Äquator – bereits 1998 begonnen hat, dem Jahr der großen Zeremonie anlässlich der Aktivierung des Goldenen Strahls in Uxmal, Yucatán. Das Zentrum der Galaxis ist allerdings ein ausgedehntes Gebiet, weshalb die Zeitspanne der galaktischen Ausrichtung im Grunde von 1980 bis 2016 reicht. Inzwischen fassen Astrophysiker die Dauer dieser Konjunktion oder die Nähe zum galaktischen Äquator etwas enger. Danach reicht die Spanne von 2008 bis 2016, womit die Zeit der größten Annäherung auf das Jahr 2012 fällt. Diese Phase der Ausrichtung nennen die Wissenschaftler die »Ära 2012«.

Eine solche galaktische Ausrichtung findet nur ungefähr alle 26.000 Jahre statt und ist damit exakt deckungsgleich mit jener Rechnung, die von den Weisen der alten Maya »Lange Zählung« genannt wurde.

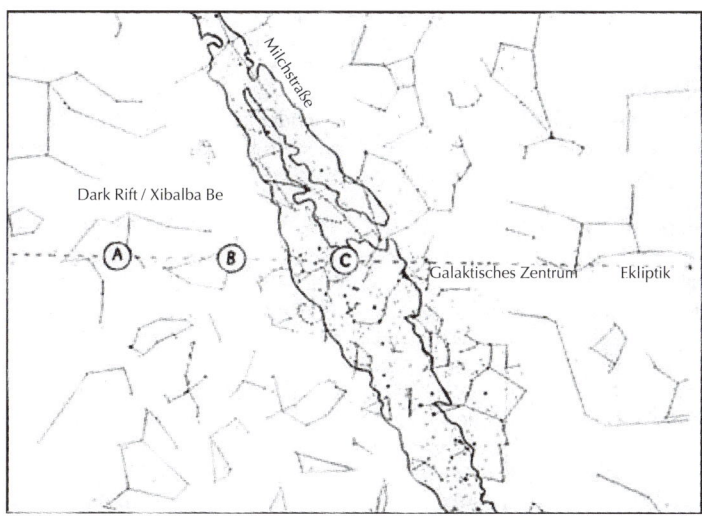

Die astronomische Erklärung lautet folgendermaßen: Position A bezeichnet den Stand der Sonne bei der Wintersonnenwende in Bezug auf die Milchstraße vor 3000 Jahren, B den Stand der Sonne vor 1500 Jahren und C den Stand der Sonne während der »Ära 2012«, wenn die Sonne zur Wintersonnenwende exakt auf den galaktischen Äquator zeigt. Das galaktische Zentrum liegt bei 6° im Sternbild des Schützen und auf 27° des tropischen Tierkreises.

Das »Dark Rift« ist eine Ansammlung von Dunkelwolken aus interstellarem Staub. Es zieht sich vom Zentrum der Milchstraße nach Norden und überquert dabei das Sternbild des Adlers. In der mythologischen Astronomie der Maya ist das »Dark Rift« als »der dunkle Weg« oder »Xibalba Bé« bekannt. Zur Wintersonnenwende 2012 wird die Sonne den südlichen Teil des Xibalba Bé erreichen. Diese ganze Region im innersten Kern der Galaxis entspricht einem Kreuz, das aus der Milchstraße und der Ekliptik zwischen Schütze und Skorpion gebildet wird. Die Maya nennen es »die Wegkreuzung des heiligen Baumes«.

Die mathematischen Berechnungen der Maya sind ein wahres Wunder. Wir können nur staunen angesichts ihrer exakten Vermessung, ihrer detaillierten und zugleich umfassenden Kenntnis des existierenden Universums, in der die materiellen, energetischen und spirituellen Aspekte zu einem Großen Ganzen miteinander verschmelzen.

Wenn also Kinich Ahau das Bewusstsein oder die Intelligenz unseres Sonnensystems verkörpert, so müssen wir nur unser Bewusstsein und unser Herz weit öffnen und uns bereithalten für ein Neues Zeitalter. Mit der neuen kosmischen Morgenröte beginnt für die

Sonne und die sie begleitenden Planeten samt unserer geliebten Erde ein neuer Abschnitt der Raum-Zeit. Dank der großen Güte des Universums können wir so unser wahres Sein erfahren, nämlich die Unbegrenztheit unserer Existenz, und die Reise zum Verständnis unserer multidimensionalen Gegenwart: Wir sind hier auf Erden, wie wir in der Sonne sind, in der Galaxie, im Kosmos und im Großen Geist – alles vollzieht sich im Einklang und in perfekter Synchronizität.

Die Umpolung des solaren und irdischen Magnetfelds

Untersuchungen der NASA zeigen, dass das Magnetfeld der Sonne am 21. Februar 2001 eine wichtige Veränderung erfuhr: Seit jenem Datum weist der magnetische Nordpol der Sonne, der sich zuvor in der Nordhalbkugel befand, nach Süden. Diese Veränderung im Magnetfeld ist ungewöhnlich, kommt aber nicht unerwartet, denn sie ist schon häufig zu verschiedenen Zeitpunkten in der Geschichte der Sonne aufgetreten. Je stärker die Sonnenaktivität, also auf dem Höhepunkt des Sonnenfleckenzyklus, desto größer ist die Wahrscheinlichkeit, dass die Pole sich vertauschen.

Den Wissenschaftlern zufolge wird der magnetische Nordpol seine aktuelle Ausrichtung bis zum Jahr 2012 beibehalten, wenn er im Zusammenhang mit dem elfjährigen Sonnenfleckenzyklus erwartungsgemäß wieder zur Nordhalbkugel der Sonne kippen wird. Dieses Phänomen fällt mit dem Beginn der neuen Zählung zusammen.

Umpolungen des solaren Magnetfelds wirken sich auch auf der Erde aus. Geologen haben im Zusammenhang mit den verschiedenen Polsprüngen magnetisierte Eisenatome in Sedimentgestein untersucht und fanden bestätigt, dass die Umkehrzeiten der Magnetpole sich dort in Form von gleich ausgerichteten »Domänen« (Clustern) erhalten. Das heißt, es gibt eine Art »magnetisches Gedächtnis« der Erde, gleichsam ein geologisches Archiv dieser Ereignisse, die in den letzten Millionen Jahren mehrfach stattgefunden haben.

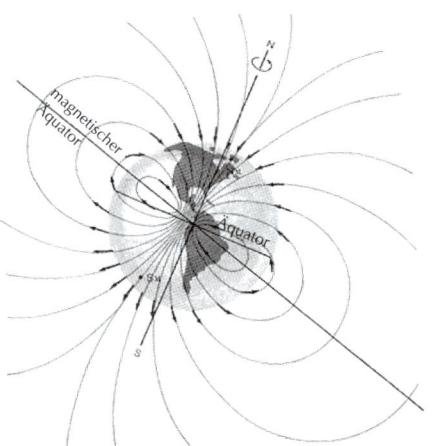

Das Magnetfeld der Erde und die Abweichung zwischen magnetischen und geografischen Polen

Aus diesen Archiven der Erde lesen die Geologen heraus, dass sich die magnetischen Pole in den letzten 4,5 Millionen Jahren mindestens 14 Mal umgekehrt haben. Dazu wurden die geologischen Schichten untersucht, in denen Sedimente aus verschiedenen Erdzeitaltern lagern. So gibt es Mineralien, die immer noch ihre ursprüngliche magnetische Ausrichtung konservieren. Die irdischen Magnetpole vertauschen sich jedes Mal, wenn ein Zyklus vollendet ist. Das heißt, manchmal sind die magnetischen Pole der Erde so ausgerichtet, wie wir es kennen, dann wieder umgekehrt. Das hängt mit der Rotationsrichtung der Erde um ihre Achse zusammen.

Die Rotationsgeschwindigkeit ist variabel. Entsprechend sind auch die Magnetfelder mehr oder weniger stark: größere Rotationsgeschwindigkeit bedingt ein stärkeres, geringere Geschwindigkeit demzufolge ein schwächeres Magnetfeld. Studien zeigen, dass vor 2000 Jahren das Magnetfeld der Erde seine größte Intensität hatte. Erstaunlicherweise dreht sich heutzutage die Erde viel langsamer. Wir können deshalb sagen, das Magnetfeld ist schwächer geworden und wird sich noch weiter in geometrischer Progression abschwächen. Je schneller die Rotationsgeschwindigkeit abnimmt, desto schwächer wird das Magnetfeld.

Wir können den Magnetismus auf einer Skala von 1 bis 10 messen. Wenn die magnetischen Pole der Erde auf niedrigerem Niveau rotieren, nimmt das Magnetfeld spektakulär ab. Schon 1996 war der Wert auf 1,5 gefallen und liegt 2008 bereits unter 1. Das ist ein deutlicher Hinweis darauf, dass wir kurz vor einer magnetischen Umpolung stehen. Den Experten zufolge wird das vor Ende des Jahres 2012 geschehen.

In diesen letzten Jahren wird die Erde sich weiterhin, immer langsamer, um sich selbst drehen, bis der Moment kommt, wo sie völlig still steht. Dann wird sie in einem Zustand bar jedes Magnetismus verharren. Man schätzt, dass dies etwa drei Tage dauern wird: drei Tage der Dunkelheit, drei Tage, an denen kein Magnetismus spürbar sein wird, mit all den Auswirkungen, die das auf unsere Physis, auf die Gewässer, auf die Tiere und alles Leben auf Erden haben kann. Nach ungefähr drei Tagen wird unsere geliebte Mutter Erde beginnen, sich entgegengesetzt zu drehen.

Wenn die Erde sich in umgekehrter Richtung zu drehen beginnt, wird da, wo vorher der magnetische Nordpol war, der Südpol sein, und wo zuvor der magnetische Südpol war, wird jetzt der Nordpol sein. Wohlgemerkt, es handelt sich um eine magnetische Umpolung, die Erde wird nicht etwa physisch eine Drehung von 180° machen.

Während dieser drei phantastischen Tage, an denen die Erde sich nicht bewegen wird, wird es auf der sonnenzugewandten Seite des Planeten einen langen Tag von etwa 72 Stunden geben, während die andere Hälfte eine verlängerte Nacht durchlebt.

Es gibt alte Schriften, in denen von sehr langen Tagen die Rede ist. Man nimmt an, dass sie eine solche Umpolung beschreiben. So heißt es zum Beispiel in der Bibel, dass Josua der Sonne befahl (Josua, Kap. 10, V. 12f.). Auch in den Papyri des alten Ägypten wird erzählt, dass es einmal einen sehr langen Tag gegeben habe, an dem »die Sonne im Westen auf und im Osten unterging und später, ohne die Nacht zu bemessen, im Osten aufging und im Westen unter«. Die alten Inka in Peru berichten ebenfalls von einer sehr langen Nacht, in der mehr als 20 Stunden lang kein Morgen anbrach.

Diese Zeit der Wintersonnenwende steht für einen tiefgreifenden Prozess innerer Ruhe. Für jene Menschen, die sich der Aufgabe gestellt haben, Stille in ihre Gedanken zu bringen und ihren Seelenfrieden zu finden, werden dies drei Tage mystischer Versenkung sein, denn sie werden bewusst an diesem ganz besonderen Vorgang im Leben unseres Planeten teilhaben. Wenn sie sich positiv dazu einstimmen, wird dieses Erlebnis zu einem Höhepunkt in ihrem Dasein. Jene Menschen allerdings, die sich der Angst, der Furcht und der Trübsal anheimgeben, werden aufgrund ihrer eigenen negativen Kräfte eine Zeit tiefer Agonie und Hilflosigkeit durchleiden.

Gedankenexperiment mit Herbert Rickl: www.youtube.com/watch?v=x0ZqfGmqlFQ

mitmachen, nicht vorschnell urteila, einfühlen, zuhören, Experiment in Gedanken us= probiera.

Willsch dass es Experiment für dine Kinder real wird? Nein, mit Sicherheit nicht – dann wähle FPÖ

3
Der verschlüsselte Code des 22. Dezember 2012

In einer tiefen Vision, in der sich uns das Sonnenbewusstsein Kinich Ahaus offenbarte, erkannten wir: Der 22. Dezember 2012 des gregorianischen Kalenders ist aus Sicht der Maya ein verschlüsselter mathematischer Code. Diese Maya-Botschaft an unser Bewusstsein lehrte uns auch, wie die Bedeutung eines für die Menschheit so wichtigen Datums verständlich und eindringlich vermittelt werden kann.

Der 22. Dezember steht für die Wintersonnenwende. Die Beobachtungen der Maya-Weisen richteten sich immer nach solchen natürlichen Kreisläufen, und auch hier nannten sie gewiss nicht ohne Grund ein Datum, das auf einen der vier regelmäßig im Jahreslauf wiederkehrenden Zeitpunkte fällt, die von der Sonne gesetzt werden: Frühlings-Tagundnachtgleiche, Sommersonnenwende, Herbst-Tagundnachtgleiche und Wintersonnenwende.

Die Wintersonnenwende

In der Weltanschauung der Maya bedeutet die Wintersonnenwende das Ende eines Zeitraums, der wiederum mit dem Ende des Sonnenjahres korrespondiert. Erinnern wir uns an die Vorstellung, dass das Fraktal einer Erscheinung dazu herangezogen werden kann, die Erscheinung selbst zu erklären. Danach steht ein Jahr für ein Fragment der gesamten Zeit, und wenn man das Phänomen der Wintersonnenwende ins Makrokosmische projiziert, dann repräsentiert sie zugleich das Ende eines großen Zeitzyklus. Es ist dies eine Zeit, in der die Samen geborgen im Schoß von Mutter Erde überwintern. Eine Zeit, in der wir uns in die tiefsten Tiefen unseres Selbst versenken. Eine Zeit der Innenschau, der stillen Meditation und Reflexion.

Dieser ganze Prozess hilft uns dabei, das zuvor Erlebte zu durchdenken und wahre Weisheit daraus zu schöpfen. Er dient uns dazu, den Nektar aus unseren eigenen Erfahrungen zu saugen, und er vermittelt uns Erkenntnisse, die wir den Erfahrungen anderer Menschen zu anderen Zeiten verdanken. Nur so werden wir uns ganz auf uns selbst berufen können, wenn es darum geht, Qualitäten, Fähigkeiten oder Fertigkeiten zu erlangen, die uns als Menschen, als verkörperte Menschheit bestärken und die wir unserem gesamten Planeten zum Wohle angedeihen lassen können.

In der Wahl der Wintersonnenwende liegt die Maya-Botschaft verborgen, dass wir am Ende eines Zeitalters stehen.

Das Jahr 2012

Die Maya-Zählweise ist vigesimal, das heißt, ihr Zahlensystem verwendet als Basis die Zahl Zwanzig. Um die Zahl 2012 im Sinne der Maya zu verstehen, müssen wir sie in die 20 und die 12 zerlegen. Dann erschließt sich uns die Weisheit, die in dieser Zahl, in diesen beiden Zahlen enthalten ist.

Die 12 ist Teil eines ansteigenden Weges von Zahl-
zeichen. Er geht von der 1 aus und führt bis zur 13,
dem höchsten Punkt auf diesem Weg. So heilig ist die
Zahl 13, dass sie mit 12 plus 1 ausgedrückt wird,
wobei plus 1 für den Geist selbst steht: das Ewige, das
Außerzeitliche, das Absolute, das Unveränderliche.

Diese sich von 1 bis 12 steigernden Zahlen versinnbildlichen einen Prozess in Zeit und Raum. Das heißt,
im Verlauf der Zeiten und durch verschiedene Räume
hindurch, in denen wir die Zeit erleben, schreiten wir
Stufe um Stufe voran. Wir sammeln Erfahrungen,
erlangen Fertigkeiten und gelangen zu Einsichten, die
immer klarer und tiefer werden, bis wir mit der zwölf-
ten Stufe den Gipfel unseres Wissens und Könnens
erklimmen.

Im heiligen Kalender der Maya, jenem Tzolkin-Kalender, der die Tage zählt, gibt es ein Rad, das die Ziffern zeigt. Sie erklären uns die Art und Weise, wie die Energie des Universums in einer anschwellenden Bewegung stets und gewaltig zunimmt, hin zum letzten Ziel, dem Ur-Einen Bewusstsein oder Hunab Kú, wörtlich »dem Einen im Einen«, also dem einen Gott.

Erscheint die Zwölf, so folgt daraus, dass wir auf dem Weg durch die Zeit den Höhepunkt eines langen Lernprozesses erreicht haben. Der Weg durch die Zeit war in diesem Fall eine »Lange Zählung«, der Lebensweg der vierten Sonne mit seiner Dauer von 5.125 Jahren. Für manche Experten auf dem Gebiet der Maya-Zeitrechnung deckt sich dieser Zeitpunkt mit dem Ende eines großen Sonnenzyklus von mehr als 25.000 Jahren. Und während dieser »Langen Zählung« war der Lernprozess, den wir absolvierten, immer auf Angst und Leiden begründet. Wir lernten also über die Angst!

Aus Angst lernte der Mensch, mit dem Feuer umzugehen: So verteidigte er sich gegen die wilden Bestien, die ihn fressen wollten. Aus Angst vor der Hungersnot lernte er, sich in kleinen Gemeinschaften zusammenzutun, Kreise zu bilden und sich gegenseitig bei der Jagd den Rücken frei zu halten. Aus derselben Angst heraus lernte man den Ackerbau, und zum Schutz gegen die Unbilden des Klimas lernte man, bewohnbare Räume zu bauen.

Seit man uns aus dem Paradies, unserer einstigen Heimat, vertrieben hatte, war alles menschliche Lernen grundsätzlich von Angst motiviert. So schrecklich muteten die äußeren Bedingungen an, dass die Menschen alles daransetzten, einen Lebensraum zu schaffen, der ihnen Schutz, Sicherheit und ein gewisses Maß an Wohlbefinden gewährte. Dort konnte sich der allzu verletzliche menschliche Körper sicher fühlen, und dort entstanden auch die komplizierten sozialen Strukturen zur Kontrolle unserer tiefsten Empfindungen und Gefühle, auf dass nicht einer· dem anderen schade.

So also durchlebten wir die Jahrtausende der »Langen Zählung« und lernten dabei immerzu und einzig aus Angst. Doch die Angst tritt nie alleine auf: Immer geht sie mit Leiden einher, und immer verursacht sie Spannungen, Sorgen und Ärger. Unter diesen Bedingungen leidet die Seele, und dann treten plötzlich Krankheiten auf und nisten sich ein. Ein chronisch kranker Körper aber verfällt immer mehr, er degeneriert, und am Ende eines langen Leidensweges steht der Tod.

Dieser Kreislauf heißt: Angst → Leid → Schmerz → Krankheit → Verfall → Tod.

Die Maya-Botschaft in der Zahl Zwölf lautet: Wir erreichen nun das Ende dieses großen Zeitkreises, in dem wir einzig aus Angst gelernt haben. Die Menschheit wird bald von einem neuen Wirbel der Raum-Zeit erfasst, und dann werden wir alles auf einer höheren Ebene verstehen. Wir werden fähig sein, die Einheit wahrzunehmen, den tiefen Respekt, den uns ein jedes Lebewesen und das Dasein in seiner Gesamtheit entgegenbringen. Und von diesem Punkt an werden wir allein durch die Liebe lernen. Folglich müssen wir also unseren Blick auf das Ende dieser Ära richten und bereit sein für den Übergang in eine neue Oktave der

Raum-Zeit: Unsere Fähigkeit zu lieben und uns in völliger Harmonie mit den anderen geborgen zu fühlen, wird fortan die wesentliche und vorrangige Basis sein für alles, was es an Neuem zu lernen gilt.

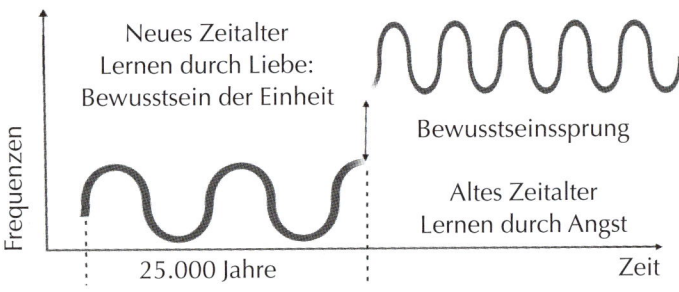

Evolutionssprung der Raum-Zeit-Frequenz

Die Sichtweise der Maya hat immer die Zahl Dreizehn im Blick. Und so beginnt 2013 ein neues Katun, eine Spanne von zwanzig Jahren, die 2033 enden wird. In diesem Zeitraum werden wir vollauf damit beschäftigt sein, die Eigenschaften und Fähigkeiten von Lichtwesen zu erwerben, uns unserer Multidimensionalität bewusst zu werden und zu erkennen, wozu wir als schöpferische Gottheiten wirklich imstande sind.

Auf der anderen Seite steht mit der Zwanzig eine grundlegende und wichtige Zahl im mythischen Verständnis der Maya. Auf ihr basiert das gesamte Zahlensystem, und sie ist im äußersten Rad des Tzolkin-Kalenders mit seinen zwanzig Siegeln vertreten.

Diese zwanzig Siegel oder Glyphen des Tzolkin-Kalenders repräsentieren die zwanzig universellen

Archetypen, zwanzig wesentliche Eigenschaften der Natur, zwanzig Merkmale aller menschlichen, planetarischen, solaren und kosmischen Erfahrung. Und so verkündet die Zahl Zwanzig die Botschaft, dass die Menschen, die jetzt auf der Erde inkarniert sind, während dieser Jahrtausende währenden Zählung bereits durch viele Leben hindurchgegangen sind. In jedem Leben wurden sie unter einem anderen Archetyp geboren und konnten so das Dasein aus verschiedenen Blickwinkeln betrachten. Und unter all diesen Siegeln wurde die Erfahrung des angstbesetzten Lernens so

Die 20 Glyphen des Rades

oft und auf so vielfältige Weise gemacht, dass wir jetzt einen Sättigungspunkt errreicht haben, was das Lernen über Angst und Leiden betrifft.

Ja, wir sind dieser Art des Lernens wahrhaft überdrüssig. Wir haben Schmerz und Schwierigkeiten, Angst und Leid, Furcht und Schrecken so oft und auf so vielfältige Weise immer wieder durchlebt und durchlitten, dass ein jeder von uns, die wir die gegenwärtige Menschheit ausmachen, mehr als genug über diese Art des Lernens weiß.

Dieser viele Jahrhunderte und Jahrtausende während schmerzhafte Entwicklungsprozess hat dazu geführt, dass die gesamte Menschheit zum jetzigen Zeitpunkt einhellig der Meinung ist: Wir brauchen diese Angst nicht!

Schmerz und Leid sind zu nichts mehr nütze, seit wir begriffen haben, dass sie uns lediglich in einem Kreislauf von Verteidigung und Flucht, von Krankheit und Tod gefangen halten, ein Kreislauf, den keiner gewinnen kann, in dem wir vielmehr jämmerlich zugrunde gehen. Denn dieser Kreislauf ist für alle Beteiligten zerstörerisch.

Es ist, als ob man so lange Katz und Maus gespielt hätte, bis man am Ende einsieht, dass keiner jemals dabei gewinnt. Die Menschheit möchte nicht länger Schmerz und Leid erfahren und der ewige Verlierer sein. Mit klarem Bewusstsein sind wir endlich so weit, zu sagen: Schluss mit den Schmerzen! Schluss mit dem Leiden! Schluss mit dem Kranksein! Schluss mit dem Sterben!

Wenn wir das mit aller Energie, Stärke und inneren Klarheit aussprechen, können wir den Kreislauf des Leidens, der unsere Seelen gefangen hält, durchbrechen. Wir treffen eine mutige Entscheidung, wenn wir all dieser negativen Energie, diesem von uns selbst erzeugten Rhythmus schmerzhafter Erfahrungen Einhalt gebieten. Nur das wache Bewusstsein einer fest entschlossenen Menschheit kann diesen Prozess beenden. Dazu muss sie klar erkennen, dass allein diese Entscheidung der Erde in ihrer neuen Lebensdimension gerecht wird, wenn sie nun an der Seite unseres Sonnenvaters die Lichträume des Neuen Zeitalters betritt.

Und so lautet die authentische Botschaft der Maya: Wir haben den Höhepunkt unseres Lernens in Zeit und Raum erreicht. Soeben beenden wir einen Kreislauf unseres Lebens als Menschheit und des Lebens des Planeten Erde. Schmerzhafte und leidvolle Erfahrungen sind nicht länger das Mark unseres Daseins. Sie werden hinweggefegt von einer höheren Vorstellung, in der wir uns selbst als schöpferische Gottheiten erleben, die eine Wirklichkeit voller Schönheit, Fülle, Gesundheit und Leben für alle Wesen immer und immer wieder neu erschaffen.

Der neue Kreislauf heißt: Liebe → Bewusstsein der Einheit → Lebensfreude → Fülle → Wiedergeburt → ewiges Leben.

Aufgrund unserer klaren Einsicht in die Bedeutung dieser transzendenten Botschaft können wir das Szenario einer Zeitenwende, in welcher eine von Katastrophen geschüttelte Menschheit noch mehr Schmerz und Leid erfährt, nicht akzeptieren. Denn, so wurde uns offenbart, genau das alles soll ausgetilgt und ausgelöscht werden. Unsere Empfindung sagt uns daher in feiner Abstimmung mit der Weisheit der Maya, dass uns Zeiten der Herrlichkeit, der spirituellen Erhöhung, der Bewusstseinsfülle und der Vereinigung mit dem Großen Ganzen bevorstehen.

Wir wissen, dass das Zeitalter der Leiden nur beendet werden kann, wenn wir fähig sind, in wahrhaftiger Liebe zu leben, in einer Liebe, die alles umfasst, und in der wir uns im Einklang mit dem Pulsschlag des Universums selbst fühlen. Die Entscheidung eines jeden Einzelnen von uns zählt. In dieser Phase muss ein jegliches Bewusstsein zu jedem Zeitpunkt und an jedem Ort aktiv auf Liebe und Harmonie, auf Leben und Schönheit ausgerichtet sein. Diese Bedingungen sollen unser eigenes Leben beherrschen, und sie sollen wie Wellen einer formenden Kraft auf das Bewusstsein der gesamten Menschheit und auf die ganze Erde ausstrahlen.

Es handelt sich also keinesfalls um ein Ende, wie es manche Katastrophengläubigen gerne sehen möchten. Der Planet Erde wird nicht unter-, die Menschheit wird nicht zugrunde gehen. Enden wird allein die Art und Weise, wie wir die Zeit durchlebt und genutzt und was und wie wir in dieser Zeit gelernt haben. Ein großer Zyklus des Leidens findet ein Ende. Dieser eine Spiralbogen der Zeit endet und knüpft auf einer höheren Frequenz an einen neuen Spiralbogen an. Wir werden erfahren, was Fülle ist. Und wir werden in der Lage sein, die allerhöchsten Frequenzen aufrechtzuerhalten, Frequenzen einer Oktave, in der sich das Dasein mit seinen neu erwachten Eigenschaften und Attributen verwirklicht. Das Neue Zeitalter hebt an, die geweissagte Ära des Höchsten Guten (Summum bonum). Dieses Goldene Zeitalter, diese neue Morgenröte wird eine zutiefst heilige und göttliche Epoche sein, wie sie die Erde nie zuvor erleben durfte.

II.

Die Aktivierung der Codes zum Neuen Zeitalter

4

Die Sonnenstrahlung im Neuen Zeitalter

Wissenschaftler, Astrophysiker, Geologen und viele andere Menschen haben die neue Sonnenaktivität und die von ihr auf der Erde ausgelösten Phänomene sehr genau im Blick: Veränderungen von Klima und Magnetfeld, Beeinträchtigungen auf dem Gebiet der Telekommunikation etc. Wir jedoch neigen aufgrund unserer Verbindung mit dem Geist der großen Maya-Zivilisation dazu, in unserem königlichen Gestirn, der Sonne, zugleich ein großes, lebendiges Geist-Wesen mit eigenem Bewusstsein zu sehen, eine schöpferische Wesenheit, die selbst gerade in ein Neues Zeitalter übertritt.

Die Sonne als großes, lebendiges Wesen wird mit dem Namen Kinich Ahau angesprochen. Aus ihr geht all das hervor, was für das Leben auf der Erde unverzichtbar und förderlich ist, zugleich mit dem Magnetfeld oder dem Licht, Kinam genannt (der Sonnengeist, die transzendente Quintessenz, die das Leben als solches erhält).

In der Weltanschauung der Maya wird die Sonne unseres Systems von der Sonne im Zentrum unserer Milchstraße, unserer Galaxis, genährt, die ihrerseits ebenfalls Kinich Ahau genannt wird. Die Sonne unserer Milchstraße wiederum erhält ihre Nahrung vom großen Sonnenkörper unserer galaktischen Familie, dem Kosmos. Die Sonne dieses Kosmos empfängt nun wiederum den Lichtstrom der Großen Zentralsonne, in der Sprache der Maya Hunab Kú genannt. Es ist dies die höchstrangige Sonne, eine gewaltige göttliche Quelle von Licht mit reinstem Urklang.

Die Große Zentralsonne ist der Göttliche Geist. Man sagt, diese große spirituelle Sonne hat keine Begrenzung, denn sie ist allumfassend, und ihr Zentrum ist überall. Wo immer wir des göttlichen Bewusstseins gewahr werden, erkennen wir auch die Kraft des Schöpfers, des Ursprungs, und in eben diesem Moment des Erkennens werden wir uns auch bewusst, dass wir uns mitten im Zentrum von Hunab Kú, dem Schöpfergott der »Großen Zentralsonne«, befinden. Durch die spirituelle Ausstrahlung dieser allumfassenden, allgegenwärtigen und allmächtigen Sonne teilt sich die kosmische Sonne mit, die Trägerin der höchsten Botschaft des Ursprungs ist; diese gibt sie den Sonnen der verschiedenen Galaxien weiter, und jede einzelne Sonne strahlt besagte Lichtbotschaft auf die Himmelskörper aus, die sie umgeben.

→ *Farbige Abbildung zu der Beziehung der Sonnen zueinander siehe Bildteil, Seite 258*

Kosmische Verbindungen

Es gibt eine immer größer werdende Anzahl von Personen, die sich mit aller Kraft ihres Bewusstseins und ihres Höheren Selbst aktiv dafür einsetzen, Licht, heilende Energie, spirituelle Kraft, Harmonie und Frieden für die gesamte Menschheit zu verwirklichen. Verschiedene geistige Bewegungen, Schulen des neuen

Bewusstseins und diverse spirituelle Traditionen haben sich zum Ziel gesetzt, ein planetarisches Bewusstsein zu schaffen, das uns in den großen Heilungsprozess einbindet, den wir als Menschheit und Teilhaber des planetarischen Lebens gerade miterleben.

Einige dieser Gruppen »säen« an Kraftplätzen Meisterquarze, die Informationen weitergeben, aus, andere unternehmen heilige Fußwanderungen, auf denen sie Kraftpunkte des großen planetarischen Netzwerks miteinander verbinden. Einige von ihnen begeben sich an besondere Orte. Manche Personen fühlen aufgrund einer Vision (eines »Channelings«), wann der richtige Zeitpunkt gekommen ist, um an gewissen Plätzen gewisse Zeremonien abzuhalten. Wieder andere sprechen ihre Aktivitäten zu bestimmten, kosmisch bedeutsamen Momenten so miteinander ab, dass sie wie Kettenglieder ineinandergreifen. Manche spirituelle Schulen wie die tibetanischen Lamas arbeiten durch ihre Zeremonien darauf hin, die spirituelle Kraft der Erde zu wecken, indem sie spezielle Mantras an Kraftzentren rezitieren. Wenn die Massenmedien im großen Stil über die Liebe berichten würden, mit der sich so viele Personen zurzeit für unseren Planeten und seine Menschheit engagieren, könnte man zweifelsohne sehen, dass gegenwärtig unzählige Anstrengungen unternommen werden, um sowohl das menschliche als auch das planetarische Bewusstsein zu erweitern und unsere Sinne und Lichtrezeptoren zu öffnen, damit wir eine neue Schwingungsebene erreichen können.

Wir alle schulden diesen »Lichtarbeitern« Anerkennung dafür, dass sie bereit sind, als Speerspitzen zu wirken. Es sind einzelne Menschen, die vor den anderen zu ihrem neuen Höheren Selbst erwacht sind und mit innerer Stärke und Tatkraft das Gros der Menschheit zu den Frequenzen der Liebe, des Verzeihens und der Heilung führen, zu all jenen Erscheinungsformen der Daseinsfreude, die das menschliche Leben kennt.

Zu diesen machtvollen planetarischen Arbeiten gehörte auch ein Großereignis, während dessen am 1. Mai 1998 in der heiligen Stadt Uxmal in Yucatán der Goldene Strahl aktiviert und zugleich die Pyramide Ak-He-Nah-Tun, der irdische Wohnort von Kinich Ahau, der als Gott das Sonnenbewusstsein darstellt, wieder zum Leben erweckt wurde. Diese Pyramide war einst als Aufnahmebehältnis für die Energie der Sonne geschaffen worden und ist in der Lage, ihre feinsten Schwingungen einzufangen.

Durch diese Pyramide hindurch strömte an jenem Tag die Sonnenenergie, um sich dem Schwingungsfeld der Erde anzugleichen. Tief drangen ihre Strahlen bis ins Zentrum unseres Planeten. Und aus jenem Zentrum des Lichts, Uxmal (Uc = Mond, maal = heilig) verbreitete sich das Sonnenlicht in konzentrischen Wellen über den ganzen Planeten. Nach mehreren Jahrhunderten des Stillstandes waren die Lichtkanäle vom zähen Ausfluss der menschlichen Psyche geradezu verstopft. Bei dieser großen Reaktivierungs-Zeremonie versammelten sich annähernd 1400 Menschen im Bewusstsein ihres eigenen Lichtes und feierten eine antike Zeremonie für die Sonne – exakt so, wie es ihnen zuvor von Kinich Ahau höchstselbst übermittelt worden war.

Von diesem Zeitpunkt an ist das heilige Wissen der Maya durch das Lichtbewusstsein von Kinich Ahau weitergegeben worden und wartet darauf, dass es als umfassende Weisheit wieder so bekannt wird, wie es die Mayas in ihrer Blütezeit entfalteten.

An jedem 1. Mai halten die »Ahaukines«, die Sonnenpriester (Verkörperungen der kosmischen Maya in diesem Zeitalter), feierliche Rituale ab, damit die große Weisheit unserer Sonne jetzt wieder mit größtmöglicher Kraft und Schönheit und mit einer Fülle von Licht und Harmonie in das Bewusstsein aller Geschöpfe einfließen kann.

Der Übergang in die goldene Ära der fünften Sonne hat offensichtlich bereits stattgefunden und ist ganz leicht vonstattengegangen. Jeder, der diesen Zeremonien beiwohnen möchte, braucht lediglich mit der Organisation Kinich Ahau in Kontakt zu treten (www.kinich-ahau.org).

Bei der Feier im Jahr 2008 in Yucatán ging es darum, unseren Planeten in die Transzendenz zu erheben. Zu diesem wichtigen Anlass waren verschiedene Gruppen in verschiedenen Teilen der Welt aufgefordert worden, sich in Kreisen von 100 oder mehr Personen zu versammeln und mit ihrer Präsenz ein kraftvolles Energiemoment zu erzeugen, um damit 100 Prozent der Menschheit zu helfen.

In seiner Botschaft, die über Nah Kin zu uns gekommen ist, bittet Kinich Ahau alle Kinder der Sonne, das heißt, alle Menschen, die sich ihrer tiefen Verbindung mit der erhabenen Emanation der Sonne bewusst sind, sich aktiv an diesen Lichtkreisen zu beteiligen. Ihre mitschöpferische Kraft soll und kann dazu beitragen, den »Strahl der Verwandlung« weiterzutragen, der die Entwicklung des menschlichen Bewusstseins beschleunigt.

Die Botschaft lautet wörtlich:

»Die von den Lichtarbeitern eingeleitete vereinte Bewegung des solaren Kristusbewusstseins hat eine ungeheure Kraft. Sie erlaubt es, die Wellen der Codes zum Neuen Zeitalter zu maximieren. Möge jedes lebendige Wesen von dieser Magnetisierung profitieren und die ersehnte geistige Schwingung erlangen, die uns dem Ende der von Behinderung und Schmerz dominierten Zeiten näher bringt. Möge die Ära der Fülle, des Überflusses und der wahrhaftigen Liebe siegreich ihren Lauf nehmen.

Das Bewusstsein, multidimensionale Wesenheiten zu sein, die direkt dem kosmischen Licht entspringen und deren Selbst sich in der Unendlichkeit der Zeiten bewegt, verleiht uns spirituelle Gestalt und formt uns zu Speerspitzen: Wir sind die Anführer des Neuen Zeitalters. Wir fühlen uns dem Licht gegenüber verpflichtet, den göttlichen Impuls weiterzuleiten, der allein die Zustände verändern kann, in denen die Menschheit unterzugehen droht. Erfüllt vom Bewusstsein unserer Einheit mit dem Licht wollen wir die verzerrten Daseinsmuster wieder ordnen und so ein Leben erfahrbar machen, das völlig mit dem reinen und unbefleckten Konzept des Göttlichen übereinstimmt.

Wir wissen, dass wir mit Wahrheit und Schönheit ein Energiefeld für uns erschaffen, das unsere Kraft um ein Vielfaches vermehrt und sich über die gesamte Schöpfung ergießt. Gemeinsam werden wir die maximale Potenz von Lichtkernen bilden und eine verwandelnde und verklärende

Kraft auf die ganze Menschheit überspringen lassen.

Für Zeremonien, mit denen der Code der Wiederauferstehung und des Lebens im göttlichen Urbild für die ganze Menschheit aktiviert wird, müssen sich mindestens hundert Personen an einem Ort versammeln. Die Formel lautet: 100 Wesen, die sich ihres Gottselbst bewusst sind, produzieren die Umwandlungsenergie für 100 Prozent der Menschheit.

Dieser Code funktioniert nach dem architektonischen Zauber der Zahlenmystik, wonach die 1 oder einende Macht durch die zwei Nullen, die sich zum Zeichen der Unendlichkeit ∞ zusammenfügen lassen, exponentiell maximiert wird.

Die Zahlenmagie der Hundert verwandelt sich in eine schöpferische Zaubermacht, wenn hundert Menschen ihr Bewusstsein verschmelzen, um das allerhöchste und erhabenste Anliegen zu verwirklichen: der Menschheit die neue bioenergetische Kodifizierung zu geben, mit der sich die gewaltige spirituelle Ausstrahlung aufrechterhalten lässt, die unser Beitrag zum Neuen Zeitalter sein wird.

Einhundert Menschen, die sich ihres Gottselbst bewusst sind, können die Kraft ihres Lichtes so vermehren, dass es auf alle Geschöpfe der Erde ausstrahlt.«

Wir fassen zusammen: Eine jede Anstrengung, die von großen oder kleinen Gruppen zugunsten unserer Erde unternommen wurde, hat sich in die psychische Aura der Menschheit eingeschrieben und prägt bereits das Muster des bislang für alle erreichten Bewusstseinsstandes. Aus diesem Grund sollten wir all jenen, die aus der Anonymität heraus unermüdlich zum planetarischen Wohl beigetragen haben, stets von Herzen Dank und Liebe entgegenbringen.

Und so fordere ich dazu auf, sich mit Begeisterung all den Aktivitäten anzuschließen, die zukünftig noch zur Intensivierung des Bewusstseins dieser Menschheit und des Lichts in der Welt unternommen werden: Es sind allesamt heilige Handlungen und Zeremonien, Meditationen und Vernetzungen, die das Neue Zeitalter herbeiführen; mit ihrer Hilfe können wir unser physisches und planetarisches Wesen mit den uns bevorstehenden Veränderungen harmonisieren und synchronisieren.

Wenn wir alle zusammenarbeiten, schaffen wir ein vereintes Bewusstsein, das durch die Anzahl seiner Träger multipliziert wird. Wir werden alle gebraucht, und alle tragen wir unser Sandkörnchen dazu bei, dass sich eine konstruktive und positive schöpferische Ausgleichskraft entfalten kann und der negativen und destruktiven Kraft, die unsere Erde und die Menschheit zu zerstören droht, Einhalt gebietet.

Heute mehr als je zuvor gilt es, uns ganz bewusst unserem Nächsten zuzuwenden, der eins ist mit unserem Selbst. Das ist der einfachste Weg für ein gemeinsames Wohlergehen.

Der Strahl der Verwandlung

Die ineinandergreifenden Sonnensysteme unterstützen uns machtvoll dabei, das Neue Zeitalter einzuleiten. Und so kündigte der Meister des Lichts, Kinich

Ahau, für den 1. Mai 2006 ein bedeutsames Ereignis an: die Ankunft des Strahls der Verwandlung.

Der Strahl der Verwandlung hat die Frequenz der Photonen, jener Lichtpartikel, welche direkt dem schöpferischen Prinzip Hunab Kú, dem »Einen im Einen« entstammen. Ihnen wohnt die ganze Kraft des ursprünglichen kreativen Lichtes inne, das durch alle Sonnensysteme hindurch bis zu unserem königlichen Gestirn reist. Von dort wird es an den Planeten Erde weitergeleitet und dringt dann am genannten Tag zum Zeitpunkt des höchsten Sonnenstandes mit geballter Kraft in die Pyramide von Ak-He-Nah-Tun in Uxmal, Yucatán, ein. Dies ist der irdische Wohnort von Kinich Ahau, der als Gott das Sonnenbewusstsein darstellt. Diese Pyramide ist ein Vermächtnis der großen Kultur der Maya und war in grauer Vorzeit ausdrücklich als irdisches Haus für das Sonnenlicht geschaffen worden. Heute nun erfüllt sie ihre Mission, den Strahl der Verwandlung zu empfangen, der wohl noch nie zuvor die Erde berührt hat. Der Strahl der Verwandlung ist mit Photonen geladen, jenen Elementarteilchen, die dem elektromagnetischen Phänomen seine quantische Erscheinungsform verleihen. Ein solches Lichtteilchen bewegt sich in Wellenform und kann elektromagnetische Felder anregen. Als ursprüngliches Elementarteilchen von höchster Energie dient es dem Strahl der Verwandlung als Vehikel auf seiner Reise zur Erde, in die er sich mit gewaltiger erneuernder Kraft versenkt. Mit seiner Hilfe erklimmen wir in diesen Zeiten des Übergangs den Gipfel der Verwandlung, um von dort aus auf die neue Oktave der Raum-Zeit aufzuspringen, auf der zu leben uns als Menschheit gebührt.

Bis jetzt müht sich der Mensch in der Polarität von elektrischen und magnetischen Feldern ab, von gebender und empfangender Energie, oder anders formuliert von männlicher und weiblicher Kraft. Doch wenn er das Photon der Ursprungsenergie mit einbezieht, erhebt er damit zugleich seine Schwingungsfelder auf subtile Höhen, die ihm eine Selbstwahrnehmung als Lichtwesen mit unbeschränkten Fähigkeiten erlauben.

Mit der Kraft des Sonnenphotons entstehen im Menschen neue elektrische und magnetische Gleichgewichtsmuster. Die rhythmisch schwingende dreifaltige Energie erzeugt ein perfekt ausbalanciertes Lichtdreieck und trägt unsere körperlichen Energiefelder zur höchsten Schwingungsebene des Geistes empor.

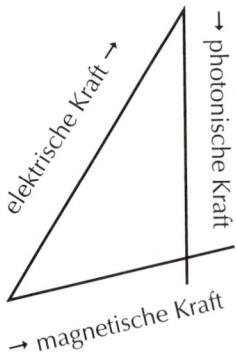

Die photonische Kraft als Grundprinzip der Bewegungsenergie, nachdem sie die erneuernde Kraft aufgefangen hat. Sie erzeugt elektrische und magnetische Kräfte. Die Dreifaltigkeit dieser Kräfte führt zur totalen Erneuerung der Lebenssubstanz, ohne die wir das neue planetarische Bewusstsein in uns selbst nicht erlangen können.

→ *Farbige Abbildung zu der Kraft der Photonen siehe Bildteil, Seite 259*

Wie man den Strahl der Verwandlung in sich aufnimmt

Suche einen Ort auf, an dem Stille herrscht und wo du eine Zeit lang ungestört sein kannst. Dort findest du die Harmonie, um die spirituelle Kraft der Sonne in dich aufzunehmen. Gehe dazu schrittweise vor.

Erster Schritt: Gebet der Annahme

Mit diesem Gebet entscheidest du dich aktiv dafür, den Strahl der Verwandlung auf dein Leben einwirken zu lassen.

»Im Vollbesitz meines wachen Bewusstseins empfange, empfange, empfange ich die spirituelle Unterstützung aller stellaren und göttlichen Hierarchien des Lichts. Möge der Strahl der Verwandlung in alle Schichten meines multidimensionalen Körpers eindringen und dort die Gesamtheit der göttlichen Attribute zur Geltung bringen: das uneingeschränkte Bewusstsein meiner höchsten Identität und die uneingeschränkte Ausstrahlung der höchsten Lichtenergie. Dies geschehe – jetzt! – in all meinen körperlichen Erscheinungsformen. Durch göttliche Gnade sei dies in mir vollbracht. In der vollkommenen Liebe meiner Göttlichkeit in mir sei es vollbracht. Für das allerhöchste Gut meines Lebens und für die Verbesserung der Lebensbedingungen der ganzen Erde.

So sei es! So sei es! So sei es!«

Zweiter Schritt: Der Betrachter

Nun versenkst du dich in die Rolle eines Beobachters: Ein Bewusstseinszustand völliger Gelassenheit, in dem du fähig bist, dein Leben mit Gleichmut, Intelligenz und Entschlossenheit zu betrachten.

Verharre etwa fünf Minuten lang in der Rolle des Beobachters.

Vorgehensweise:

Leite deine Versenkung mit der Sonnenatmung ein: Du atmest sanft durch den leicht geöffneten Mund ein und aus und verbindest dein Bewusstsein mit dem Licht der Sonne.

Nun versuche dein Bewusstsein auf die Ebene des Beobachters zu heben: Dein Geist kommt zur Ruhe, deine Gedanken werden heiter und gelassen, und dein Bewusstsein schwingt sich auf eine Ebene empor, die einen ungetrübten Blick in dein Innerstes gestattet.

Dritter Schritt: Überprüfung

In diesem Zustand des bewussten Beobachtens wirf nun einen prüfenden Blick auf deine Welt und deine Lebensumstände. Welche Entscheidungen hast du im Hinblick auf deine Lebensführung getroffen? Urteile nicht. Kritisiere dich nicht. Hab keine Angst. Schau einfach nur genau hin. Und nun entscheide dich neu. Lass zu, dass alle Entscheidungsmuster, die auf Angst, Schmerz oder Leid basieren, aus deinem Leben getilgt werden: Diese Art zu reagieren akzeptierst du fortan nicht mehr für dich.

Das ist dein Moment der Entscheidung.

Jetzt bist du vollkommen auf der Seite des Lichts. Von deinem Höheren Selbst aus triffst du nun umsichtig, gelassen und innerlich ausbalanciert einige sehr wichtige Entscheidungen. Vor dir liegen die Wege, die zu einem erfüllten Leben in Liebe und Gesundheit führen. Schau hin. In diesem Augenblick des höchsten Bewusstseins, voll innerer Klarheit und Souveränität, erstellst du neue Lebensmuster, die deine eigene Göttlichkeit in dir erblühen lassen.

Vierter Schritt: Die Leere

Verharre eine Weile im Zustand der vollkommenen Leere. Du selbst bist nun die Pyramide, die den Strahl der Verwandlung empfängt. Bar aller Gedanken richte deine Aufmerksamkeit auf die Leere, auf das Nichts. Sei bereit, ein Gefäß für das Göttliche zu werden.

Fünfter Schritt: Der Empfang des Strahls der Verwandlung

Aufgrund deiner machtvollen Anziehungskraft richtet sich jetzt der Strahl der Verwandlung auf dich. Du spürst, wie die Photonen der Ursprungsenergie dein Existenzfeld durchdringen und dabei die elektromagnetische Frequenz deines Selbst anregen. Damit werden die dumpfen Frequenzen der Vergangenheit auf ein höheres und feineres Niveau emporgehoben, wo sie mit der Energie des Neuen Zeitalters harmonieren. Verharre etwa fünf Minuten in diesem Zustand des Empfangens. Der Strahl der Verwandlung ist golden, köstlich und rein und versetzt uns in einen Zustand vollendeter Harmonie und erhabener Liebe.

Sechster Schritt: Dankbarkeit

Abschließend sprich dies machtvolle Gebet: »Ich bin die Kraft des Lichts. Mit all dieser Kraft spreche ich: Dies ist – jetzt! – die neue Dimension meines Seins. Jetzt und immerdar! Jetzt und immerdar! Jetzt und immerdar!

Ich habe den Strahl der Verwandlung empfangen. Ich willige ein in die beständige Wirkung seiner photonischen Schwingung. Sie wirke fort. Sie wirke fort. Sie wirke fort. Möge ihr Licht sämtliche Dimensionen meines Selbst in vollkommener Harmonie mit aller Schöpfung erhalten, jetzt und immerdar. Möge sich dieser Strahl in allen jetzt und fürderhin geborenen Kindern offenbaren, in allen Männern und Frauen und in allen Seelen, die jetzt und fürderhin auf diesem Planeten zur Reife gelangen.

Mit dem überlegenen Bewusstsein eines Kindes des Lichts erkläre ich: Das Neue Zeitalter ist angebrochen, in all seiner Weisheit, seinem Licht und seiner Kraft.«

Die Botschaft des Kinich Ahau

1 Cauac der dreizehntägigen Woche (Treceava) des Cauac des Jahres 13 Kan. So hieß der 18. März 2006 nach dem Maya-Kalender. An diesem Tag wandte sich der Aufgestiegene Meister Kinich Ahau in einem Aufruf an die Menschheit: Wir sollten uns auf die bevorstehende Ankunft des Strahls der Verwandlung einstimmen und uns der neuartigen Ausstrahlung der Sonne öffnen, die unsere Biostruktur und das in uns verkörperte Bewusstsein so verfeinert, dass sie den

Merkmalen der gerade neu beginnenden Ära entsprechen.

»Die Zeit ist gekommen, in der sämtliche Beschränkungen wegfallen, in deinem Innersten wie im Innersten aller aufrichtigen Schüler des Lichts.

Die herkömmlichen Aspekte innerhalb der Lebensstruktur aufrechterhalten zu wollen hieße, die spirituelle Unterstützung abzulehnen, derer die Menschheit gerade teilhaftig wird.

Es genügt nicht mehr, alle Aufmerksamkeit auf das innere Zentrum des eigenen Selbst zu richten. Um jetzt auf dem Weg der spirituellen Reifung einen Schritt vorwärtszukommen, müssen wir uns für dieses Neue Zeitalter nicht nur von allen hinderlichen Handlungsmustern, Glaubensformen und Gedanken befreien, sondern auch alle damit verbundenen Assoziationen loslassen. In der Haltung des Beobachters soll man von der Höhe des spirituellen Bewusstseins herab gleichmütig über die bisher im Leben getroffenen Entscheidungen nachdenken. Und eben dieses klare Bewusstsein erlaubt uns nun, neu zu wählen und jene Entscheidungen zu treffen, die mit der erhabenen Präsenz unseres göttlichen Wesens übereinstimmen.

Denn der Beobachter ist frei von Urteilen und Vorurteilen. Er ist die Essenz des Geistes und fähig, alles zu durchdringen, ohne sich zu zeigen.

Der große Schritt vorwärts liegt nun darin, den Zustand der Leere einfach zu erreichen. In der Leere gibt es keine menschliche Bedingtheit mehr.

Es gibt nicht einmal mehr den Betrachter selbst. Es ist ein Zustand des Nicht-Geistes. Ein Zustand ohne Gedanken, ohne jegliches Wollen, ohne Ziele, ohne alle Emotion, ein Zustand völliger Entblößung. Der Zustand der Leere ist einfach zu erreichen: Du musst nur zulassen, dass die gehauchte Sonnenatmung die Energie in dir bewegt. Jeder Atemzug im Bewusstsein, mit dem Göttlichen Atem in Verbindung zu sein, bringt dich dem ganzheitlichen Bewusstsein näher, welches in seiner eigenen Beschaffenheit zeitlos ist und ohne Form. In seiner ganzen Erhabenheit ist es da ... Ein tiefes Nichts, in dem Alles in Allem gegenwärtig ist.

Atme tief ein und aus. Lass deinen Geist los. Bade in der unermesslichen Weite des Nichts und fühle, wie deine eigene Körperlichkeit in diesem Nichts aufgeht. Fühle, wie alles unwichtig wird in dieser tiefen Leere. Gedanken sind überflüssig.

Der Weg zum Ur-Einen Bewusstsein führt durch all diese Bewusstseinsstadien hindurch. Denn wirklich begreifen lässt sich das multidimensionale Bewusstsein erst, wenn wir fähig sind, uns ganz dieser Leere hinzugeben.

In dieser unerschaffenen Substanz ist alles Erschaffene enthalten. Und wir als Menschheit verfügen bereits über die spirituelle Statur, um zur Erfahrung der totalen Auflösung im Großen Geist, im Ur-Einen vorzudringen.

Die Menschheit bereitet sich mit diesen Praktiken darauf vor, den Strahl der Verwandlung zu empfangen, der aus einer machtvollen photoni-

schen Ladung besteht. Er vermag die feinstofflichen Bestandteile des Lebens zu reaktivieren, indem er sich unserer bioenergetischen Felder bemächtigt. Somit gewährt er uns Zutritt zu Schwingungsebenen, die weit höher sind als alle bislang erreichten.«

Die große Feier von 2012

Alle Überlegungen wissenschaftlicher oder esoterischer Natur führen letztlich zur Prophezeiung der Ahnen der Maya für den Dezember 2012 als einem Datum, an dem die Menschheit die Transzendenz erfahren kann.

Wir wollen uns an diesem historisch bedeutsamen Termin zu einem machtvollen Kreis von Menschen zusammenschließen, die sich ihres Höheren Selbst bewusst sind. In bejahender, jubelnder Lebensfreude wollen wir die Sonnenqualitäten weiterverbreiten und mit unserer gemeinsamen Schwingung das Lichtportal öffnen, damit der entscheidende Quantensprung in die neue Zeitspirale des goldenen Zeitalters gelingen kann.

Die Versammlung von Lichtträgern auf der heiligen Erde des Mayab, wo einst die Weisheit der Maya zu ihrer Hochblüte gelangte, ist von größter Bedeutung. Dieser geweihte Boden auf der Halbinsel Yucatán hat die Gesetze der Vorfahren nicht vergessen. Noch immer wirken dort die Kristalle der Weisheit, noch immer drehen sich dort die Kraftwirbel. Wenn der kostbare Augenblick gekommen ist, werden sie ihre ganze Kraft entfalten und einen energetischen Impuls erzeugen, der uns gleichsam in eine neue Form der Existenz hineinkatapultieren wird.

Zurzeit sind viele Menschen damit beschäftigt, ihre Aufgaben im Hinblick auf Erneuerung, Leben und Ausgestaltung des göttlichen Urbildes zu erfüllen. Bei der Aktivierung der Lichtspeicher im Dezember 2012 werden sie mit ihrer Präsenz die Energie der Vorfahren zirkulieren lassen, zusammen mit der machtvollen neuen Energie, die uns nun vom Großen Sonnengeist dargeboten wird.

Wir sind Mitschöpfer zusammen mit den Mächten des Universums. In diesem Sinne ergeht der Aufruf: Kommt in diese geografischen Breiten der Erde! Lasst uns das aufgestiegene Volk sein, die Sonnentänzer, die die Portale der neuen Zeitspirale öffnen. Die Planungen sehen ein großes Fest für den Zeitraum vom 17. bis 23. Dezember 2012 vor.

Die ersten fünf Tage sollen dazu dienen, unsere Lichtkörper zu verfeinern, zu aktivieren und zu programmieren. Wir wollen unsere ursprüngliche DNA wiederherstellen und das Bewusstsein für unsere Multidimensionalität öffnen. Diese ersten fünf Tage sind all jenen Praktiken gewidmet, die unser Selbst nachhaltig mit der hohen Schwingung der neuen Ära in Einklang bringen.

Am 22. Dezember 2012 wird in der heiligen Stätte Uxmal auf der Halbinsel Yucatán ab 12 Uhr mittags eine große Zeremonie zur Umwandlung der Zeitspiralen stattfinden. Uxmal ist das spirituelle und irdische Zuhause von Kinich Ahau. Diese Ak-He-Nah-Tun-Pyramide dient dazu, die Sonnenenergie zu speichern, und ist zugleich Epizentrum der Schwingungen der Neuen Zeit.

Für den 23. Dezember ist eine prächtige Sonnenzeremonie im zentralen Heiligtum von Chichen-Itza auf
der Halbinsel Yucatán geplant. Sie soll vor der Pyramide des Kukulkan stattfinden und soll bewirken,
dass sich die ewige Weisheit, deren Muster bereits ins
Bewusstsein der Menschheit eingraviert ist, auch in
der Erde verankert. Gemeinsam werden wir an jenem
Ort, wo die Menschheit einst zur Blüte ihrer Weisheit
und zu wahrer geistiger Macht gefunden hatte, die
neue Realität mitgestalten. Es werden verschiedene
spirituelle Meister zu den Vorbereitungen eingeladen,
damit wir in ihrer lichtvollen Gegenwart die Zeit der
Glorie erleben dürfen, die uns vom weisen Volk der
Maya prophezeit wurde.

Das astrologische Schema
des 22. Dezember 2012

Es wurde ein Schema vom Himmel des 22. Dezember
2012 über Uxmal erstellt, und zwar für den Mittag,
wenn die Sonnenzeremonie zur Aktivierung der Spiralen des Neuen Zeitalters ihre höchste Wirkung entfalten wird. Hier die Interpretation des bekannten domi-
nikanischen Astrologen Mahakavi Gurudas:

Die Sonne wird auf 1 Grad im Steinbock stehen,
der Mond zunächst im Widder, um in der zweiten
Tageshälfte in den Stier zu wandern. Merkur und
Venus befinden sich im Schützen. Mars hält sich
im Steinbock auf, Jupiter in den Zwillingen,
Saturn im Skorpion. Im Widder finden wir den
Uranus, in den Fischen den Neptun. Pluto steht

im Steinbock. Der Kopf des Drachen wird im Skorpion sein.

Die Sonne im Steinbock unterstreicht das Ende eines Zyklus. Seit 2008 hält sich Pluto im Steinbock auf, und an diesem Tag nun wird die Sonne ganz in seiner Nähe sein. Diese Konstellation kann zu großen Aktivitäten in der Erdkruste führen und Vulkanausbrüche oder tektonische Verschiebungen hervorrufen.

Ab zwölf Uhr mittags steht die Sonne im Trigon zum Mond: Die beiden mächtigsten himmlischen Lichtquellen vereinigen ihre weibliche und männliche Polarität in einem Moment heiliger kosmischer Vermählung. Die hieraus resultierende harmonische Lebenskraft wird bei der Bewusstseinserweiterung helfen und den kreativen Impuls der Zeremonie vervielfachen.

Uranus im Widder und Mars im Steinbock setzen gewaltige Kräfte frei, die im negativen Sinne Konflikte auslösen, im konstruktiven Sinne jedoch einen mächtigen Energiewirbel erzeugen können, der sich bei angemessener Steuerung zur Auflösung der alten Strukturen nutzen lässt. Mit seiner Hilfe kann es gelingen, die fest einzementierten alten Glaubensformen restlos zu entfernen und neuen Vorstellungen und Strukturen Geltung zu verschaffen, die der menschlichen und planetarischen Spiritualität förderlich sind.

In der politischen Gestalt sozialer Gefüge könnte es zu deutlichen Veränderungen kommen und bislang unbekannte gesellschaftliche und geistige Anführer auf den Plan rufen. Während der ersten Stunden des Tages müssen wir sehr sorgfältig darauf achten, dass die Harmonie in den Gruppen erhalten bleibt, damit nicht etwa eine kämpferische Stimmung Probleme zwischen den Teilnehmern heraufbeschwört.

Die Konstellation Uranus-Pluto ist definitiv in der Lage, einen drastischen Wandel zu verursachen, der all jene, die sich von der Göttlichen Gnade helfen lassen, beschirmt. Aber auch an magnetischen Orten, an zeremonialen Zentren oder Kraftplätzen wären sie geschützt.

Uranus und Pluto im Quadrat mit der Sonne nehmen an Kraft zu, werden ihren stärksten Einfluss aber erst drei Tage später haben und dann Naturkatastrophen oder bedeutende tektonische Verschiebungen begünstigen. Deshalb ist es besonders wichtig, dass wir am 22. Dezember diese mächtige Energie von einer destruktiven zu einer positiven, Harmonie erzeugenden Kraft umgestalten.

Der Mond im Stier verhilft all jenen zu innerer Ruhe, die mit der Mutter Erde verbunden sind und sich beispielsweise inmitten der Natur, an magnetischen Plätzen oder anderen vitalen Orten aufhalten.

Die planetarische Konfiguration wird dazu beitragen, dass die alte Macht mit ihren Anführern angesichts der Präsenz der neuen Paradigmen und ihrer dann vor Ort versammelten weisen Repräsentanten innehält.

Neptun in den Fischen unterstützt all jene Personen von hoher geistiger Frequenz, die mit ihrem spirituellen Gleichgewicht die Gegensätze ausbalancieren und den negativen Kräften Widerstand leisten. Alle Menschen, die ihre spirituelle Kraft *entwickelt haben und mit festem Charakter verteidigen, werden gleich einer heilkräftigen Quelle alle möglicherweise auftauchenden drastischen und gewalttätigen Aspekte lindern. Gerade ihnen obliegt es, ein Umfeld zu schaffen, das dem Weltfrieden zuträglich ist.*

Merkur im Schützen in Opposition zu Jupiter mag beim gewöhnlichen Publikum zu überzogenen Erwartungen führen, geht es doch um ein für die Menschheit schicksalhaftes Datum. Übertrieben phantastische Vorstellungen und Erwartungen sind ebenso möglich wie unangemessener Optimismus. Umso wichtiger ist es, dass wir selbst ruhig unserer Vision entgegenschreiten, dass wir intelligent und klug handeln. Maßvoll und in heiterer Gelassenheit sollten wir mit gutem Beispiel vorangehen. Nötig ist eine angemessene Balance zwischen dem Möglichen und dem guten Vorsatz, das Unmögliche zu schaffen.

Auf jeden Fall wird die Exaltation von Merkur im Jupiter zwangsläufig zu Veränderungen in Gedankengängen und Glaubensformen führen und die Kommunikation der Menschen untereinander, ihre Verbindung mit den spirituellen Frequenzen und den Kontakt mit ihrem Höheren Selbst verbessern.

Venus im Schützen trägt all die Liebe bei, die für den wahren Glauben unerlässlich ist. Sie wird unsere Quelle des guten Willens förmlich sprudeln lassen. Obendrein wird die Venus im Trigon zu Uranus stehen, eine Konstellation, die Brüderlichkeit, Toleranz und Freundschaft begünstigt.

Ein weiterer, höchst subtiler Aspekt ist die Venus-Neptun-Quadratur. Psychisch gefährdete oder mystisch-schwärmerische Menschen, die sich gerne in Phantasien verlieren, könnten hier leicht enttäuscht werden. Deshalb sollten wir uns mit allzu katastrophalen Szenarien oder aberwitzigen Ankündigungen für diesen Zeitraum zurückhalten. Wir sollten gelassen bleiben und effektiv an der Eröffnung eines Zyklus des Friedens mitarbeiten, indem wir unseren eigenen inneren Frieden weitergeben.

Für die zweite Tageshälfte lassen die planetarischen Konfigurationen einen Moment höchster Friedfertigkeit erwarten, eine integrative Phase intensiver Kreativität. Glückseligkeit und Sanftmut werden sich ausbreiten, während die großen Feierlichkeiten anlässlich des Zeitenwechsels allmählich zu Ende gehen.

Jupiter wird in einem guten Aspekt mit Uranus stehen und somit die Anbahnung neuer Verschwisterungen unterstützen. Neue Gruppierungen entstehen, die in harmonischer Zusammenarbeit die Merkmale des Neuen Zeitalters erblühen lassen.

Saturn, der Herrscher des Steinbocks, wird an diesem Tag im Trigon zu Neptun stehen, was der Meisterschaft der spirituellen Mächte gewaltigen Auftrieb gibt. Die Bündelung dieser für die Erde heilsamen Energien und die Aufhebung der negativen planetarischen Effekte werden daher höchst wirkungsvoll ausfallen.

Die spirituelle Arbeit, die geschwisterliche Versammlung aller, die guten Willens sind, spiegelt

sich in den drei Trigonen dieses Tages wider: Son-
ne-Mond, Venus-Uranus, Saturn-Neptun.

Es wird genug Gelegenheit geben, den spirituellen
Aufstieg anzuwenden und Botschaften sowie Energien weiterzuleiten, die heilend, verwandelnd und klä-
rend auf den Planeten Erde und die gesamte Menschheit einwirken. Während sich immer mehr Wesen
guten Willens zusammentun, wird man sich in Zir-
keln der Lichtarbeit der höheren Gesetze bedienen
und auf der Ebene der mentalen und psychischen
Meisterschaft daran arbeiten, dass alle Anwesenden
in den vollen Besitz ihrer spirituellen Kraft gelangen,
um sie später auf die ganze Menschheit übertragen zu
können.

Der 22. Dezember 2012
im heiligen Kalender der Maya

 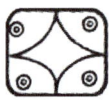   Dreizehn Lamat

13 Lamat ist ein Tag der spirituellen Befreiung. An
diesem Tag können wir unseren Geist mit der Kraft
des inneren Lichts erweitern, das nun wie eine Sonne
in göttlichem Glanz erstrahlt. An diesem Tag sollen
wir mit dem großen Geist des Schöpfergottes verschmelzen. Lamat ist der Name des Sterns, durch dessen Nachschwingungen wir wieder in die ganze
Dimension unseres Selbst hineingestellt werden. Mit
dieser Vision vor Augen sehen wir den Erfahrungen

entgegen, die der 22. Dezember 2012 für uns bereithält.

 ## Treceava des Cib

Der Tag 13 Lamat liegt in der Treceava oder Trecemana des Cib. In dieser speziellen Woche von dreizehn Tagen ist es besonders wichtig, sich um Erleuchtung zu bemühen und nach dem Stab der Weisheit zu greifen. Dann wachsen unserer Schlange Federn, das heißt, unsere niederen Instinkte verwandeln sich in eine mächtige transzendente Kraft des Lichts.

Mit den Veränderungen in Klima und Umwelt, wie sie der Erde derzeit widerfahren, werden auch an uns neue Herausforderungen gestellt. Wir werden uns anpassen müssen. Unser Bewusstsein bleibt wach und aufmerksam, wenn wir unsere Vorstellungskraft und unsere Aufmerksamkeit mit den herrlichen Eigenschaften unseres Schöpfers so in Einklang bringen, dass sich die Merkmale des göttlichen Urbildes in unserem Selbst spiegeln.

Vor allem sollten wir angesichts der abrupten und unerwarteten Veränderungen, die uns bevorstehen, Gleichmut bewahren und still in unserer eigenen Mitte ruhen. Dies ist die universell gültige Empfehlung, wie wir uns in diesen stürmischen Zeiten der Veränderung behaupten können.

Den Höhepunkt unserer Macht erreichen wir, wenn wir Sonnenpriester werden, denn damit erwecken wir in uns die tiefe Sonnenweisheit der Maya zum Leben. Diese Weisheit macht aus uns Wesen, für die Raum und Zeit grenzenlos sind.

Jeder muss sein eigenes emotionales Gleichgewicht finden, wie es seinen persönlichen Bedürfnissen entspricht. Dabei gilt jedoch für alle dasselbe Ziel: in sich selbst inneren Frieden und Harmonie zu finden. Jeder Einzelne soll seinen spezifischen übersinnlichen Qualitäten Ausdruck verschaffen, und das gelingt am besten, wenn wir uns spontan, anspruchslos und natürlich verhalten.

Unser ganzes Sein wird in machtvollem Wohlklang ertönen, wenn es uns gelingt, zärtlich, liebevoll und einfühlsam miteinander zu kommunizieren. Wenn wir die Tiefe unseres Selbst ergründen und unser Herz sprechen lassen, können wir ein harmonisches Umfeld, eine Oase gegenseitigen Verständnisses schaffen.

Diese Erweiterung unseres Selbst wird uns das Gefühl geben, auf dieser Erde einen Schritt vorwärtsgekommen zu sein, denn dann haben wir mit unserer Tugend, Liebe und Weisheit die alten Programme von Schmerz und Entbehrung besiegt.

Und schließlich werden wir eines begreifen: Hier und jetzt sind wir die überaus mächtige Offenbarung des Schöpfers. Wenn wir das verstanden haben, können wir es in der Selbstbestimmung unseres Daseins noch sehr weit bringen. Indem wir lernen, über die Umstände des Lebens zu triumphieren, zeigen wir unser solares Kristusbewusstsein. Kristus offenbart sich in unserer gesamten biologischen Struktur, er bewegt sich durch unsere Lebenskraft hindurch und prägt mit seinen Merkmalen all unser Tun, Fühlen und Denken.

Eine Schwierigkeit mag darin liegen, den Wandel in der äußeren und inneren Welt zugleich zu vollziehen. Auf der äußeren Ebene müssen wir auf den Lebensstil, die Mittel und Instrumente verzichten, die bislang unser Dasein bestimmt haben und derer wir nun nicht länger bedürfen. Auf der inneren Ebene gilt es, die Muster der Vergangenheit zu überwinden und uns dem Neuen zu öffnen, das uns mit Leben erfüllt, verklärt und erleuchtet.

In dieser Zeit des Wandels und der Veränderung sollten wir einander im Geiste der Solidarität die Hand reichen und uns gegenseitig Hilfe, Verständnis, Respekt, Toleranz und Freundschaft entgegenbringen. Wenn wir diesen Empfehlungen folgen, sind wir gut auf die Aufgabe unserer spirituellen Befreiung vorbereitet und fähig, unser göttliches Erbe, das Licht, anzunehmen.

  Das Jahr 7 Cauac

Das Jahr, das wir nach dem gregorianischen Kalender 2012 nennen, heißt im Maya-Kalender 7 Cauac. Es wird ein Jahr abrupter und radikaler Umbrüche sein. Jeder Einzelne von uns wird in seiner eigenen privaten Welt erleben, wie so manche Situation eine unerwartete Wendung nimmt. Das gilt nicht nur auf planetarischem Niveau, sondern trifft auch für persönliche Veränderungen zu. Die Empfehlungen aus dem Weisheitsschatz der Maya machen es uns leichter, diesen Wandel als eine möglichst harmonische Zeit zu erleben und den gebotenen Quantensprung in unserer Daseinsweise zu vollziehen. Die wichtigste Lehre, die wir in der Weisheit der Maya finden, lautet: Gebt nach. Widerstand gegen die Veränderungen in Form von Kampf, Angstzuständen, negativer Einstellung oder Gewalt wird für unser eigenes Selbst nur zerstörerische Konsequenzen und auf den Planeten Erde verheerende Auswirkungen haben.

Es ist daher ratsam, geistige Gelassenheit zu wahren und ruhig in unserer inneren Zuflucht zu verharren. Wir sollten sowohl die von außen an uns herangetragenen künstlichen Bedürfnisse als auch unsere inneren Sehnsüchte nach Antworten, Lösungen und irgendwelchen Aktivitäten auf ein Minimum reduzieren. Nachgeben heißt innehalten und nichts tun. Wohlgemerkt: nichts aus dem Ich heraus tun, nichts unter Druck oder aus Nervosität und Angst unternehmen. Wie die Zenmeister wollen wir innerlich ruhig bleiben, genau das tun, was unser spirituelles Bewusstsein rät, und dabei effektiv und voll göttlicher Intelligenz handeln.

Das Jahr 2012 wird ein spannendes Jahr, in dem wir alles, was wir an Meditationstechniken und Entspannungsmethoden je gelernt haben, in die Praxis umsetzen können. Deshalb ist es notwendig, weiterhin eifrig in diesem Sinne zu üben, um gut vorbereitet zu sein und in uns die unverzichtbaren Merkmale zu entwickeln, mit denen wir uns in den kommenden Zeiten erfolgreich behaupten.

Die Frauen: Mütter des Neuen Zeitalters

Im Dezember 2006 begann eine Serie spiritueller Seminare für Frauen. Ziel dieser Seminare ist es, die Kraft der Göttin in der Frau zurückzuholen und die Frau wieder zur Trägerin der liebevoll lodernden Flamme der Göttin und Mutter zu machen. Die Führungsspitze der Lichtmeister, welche die Menschheit bei ihrer Entwicklung zum Ende der Zeiten geleiten, haben darauf hingewiesen, dass der Frau eine Schlüsselfunktion zufällt, wenn es gilt, das Zeitalter der Beschränkungen in eine strahlende Ära des Lichts zu verwandeln. Mit ihrer Sensibilität, ihrer hochentwickelten Intuition und ihrer Bereitschaft zur Verwirklichung der wahren Liebe verwandelt sich die Frau in eine Heilquelle für die Menschheit und den gesamten Planeten.

Frauen sollten noch tiefer an einer innigen Beziehung zu Mutter Erde und den auf ihr lebenden Elementarwesen arbeiten. Die Schamanenfrau des Neuen Zeitalters stimmt sich auf den feinstofflichen Geist der Naturelemente ein. Über tief empfundene Gebete kommuniziert sie mit ihnen und trägt miterschaffend dazu bei, dieser Menschheit ein erfülltes Leben, Gesundheit und andere wertvolle Eigenschaften zu schenken.

Solche Seminare für Frauen finden jeden Dezember fünf Tage lang in Yucatán statt. In dieser Zeit empfangen sie Unterweisungen direkt aus dem erhabenen Bewusstsein der Mutter Nah Kin, die mit der heiligen weiblichen Kraft Gottes in Verbindung steht. Die Aktivierungen sind in der Tat außergewöhnlich und verleihen den Frauen von Mal zu Mal mehr Souveränität über ihre machtvolle Mittlerkraft. So werden sie zu wahrhaftigen Müttern des Neuen Zeitalters. Es ist geweissagt, dass es die Frauen sein werden, die als Mütter die neue Menschheit in ihren Armen wiegen. Sie halten die Schlüssel für die multidimensionalen Tore des Neuen Zeitalters in ihren Händen.

Nach sieben Jahren in Folge wird dieser geistige Schulungsprozess vom 12. bis 16. Dezember 2012 seinen krönenden Abschluss finden. Frauen aus aller Welt werden sich versammeln und einen heiligen Kreis zur Aktivierung des »kollektiven Uterus« bilden, eine machtvolle, Leben spendende Kraft, welche die weibliche Frequenz ins Leben zu rufen vermag.

Wir laden alle bewussten Frauen, Lichtfrauen, lebenden Göttinnen und göttlichen Mütter ein, miteinander das heilige Rad jener Frauen zu bilden, die dank ihrer entwickelten Fähigkeiten in der Lage sind, das Raum-Zeit-Rad zu drehen.

Die Anweisungen, die Nah Kin (Nah bedeutet Mutter und Kin Sonne) empfängt, stammen aus den von Himmelsgöttinnen bewohnten höheren Sphären des Bewusstseins. Sie geht ganz in ihrem Projekt eines Unterrichts auf allerhöchstem Niveau auf, der wirklich neue und grundlegende Aspekte in Bezug auf die Einweihung der Frau bietet.

5
Das Sonnenbewusstsein

Wenn wir im Sonnenbewusstsein leben, fühlen wir uns als Kinder des Sonnenvaters. Eine innige Beziehung verbindet uns mit dem Leben der Sonne, dem Urquell unseres Lebens. Wir empfinden die Lichtstrahlung der Sonne in unseren eigenen feinstofflichen Körpern und wissen, dass wir ihre transzendenten Eigenschaften repräsentieren: Wir selbst sind das Licht, in seiner Allwissenheit und in seinem allumfassenden Geist.

Jedes bewusste Wesen ist eins mit der Sonne.

Wie die großen Planeten sind auch wir aus der schöpferischen Quelle des Sonnengeistes hervorgegangen, der uns gezeugt und durch all unsere Erscheinungsformen hindurch erhalten hat. Und so ist wiederum das letzte Ziel unserer Seele die Verschmelzung mit dem Licht des Großen Sonnengeistes. Unsere enge Verbindung mit der Sonne war von Anfang an unsere einzige Wirklichkeit. So ist es auch jetzt, und so wird es am Ende sein.

In den finsteren Zeiten der Vorherrschaft von Programmen, die uns behinderten und unsere höheren Eigenschaften außer Kraft setzten, haben wir uns als Menschheit stets verwaist gefühlt, alleingelassen in einer Daseinserfahrung, die ihren eigentlichen Sinn vor uns verbarg. Wir Menschen waren verwirrt und kamen uns häufig vor wie Marionetten. Diese Muster von Einschränkung, Schmerz und Leid müssen wir endlich aufgeben, außer Kraft setzen, jetzt und für immer. Die Zeit ist angebrochen, in der uns der Bal-

sam des Sonnenbewusstseins zu Einsicht, Bewusstsein
und Selbstverwirklichung verhilft und uns als Wesen
und Menschheit in eine übermächtige Frequenz versetzt, voll Leben und in Einklang mit der Harmonie
der geistigen Existenz.

Unsere große Maya-Zivilisation wusste sich in
einem unermesslichen solaren Lichtmeer geborgen,
und ihre vollkommene Reinheit hatte darin einen
Raum der spirituellen Verwirklichung erkannt. Dieser
Raum ist allen Menschenwesen leicht zugänglich, und
auch wir sollten uns dieser Einsicht öffnen. Dann werden wir unserem Geist zum Licht verhelfen und den
rechten Pfad zur Wiedererlangung des Ur-Einen Bewusstseins beschreiten.

Gebet des Sonnenbewusstseins

Dieses Gebet lässt die früheste Erinnerung an unsere
innige Wesensverwandtschaft mit dem Großen Sonnengeist wieder aufleben. Man sollte es dreizehn Mal
wiederholen, damit es unsere dreizehn multidimensionalen Körper durchdringt; eben gerade so oft, wie
unsere Sehnsucht, das Sonnenbewusstsein zu verinnerlichen, es uns nahelegt.

Sonnenbewusstsein

Ich bin, ich bin, ich bin
eine strahlende Sonne.

Der Erde anvertraut bekunde ich
beständiges Glück,

grenzenlose Fülle,
vollkommene Gesundheit,
universelle Weisheit
und ewiges Leben,
jetzt und hier!

Das Sonnenbewusstsein spricht durch mich.

Mein Dasein hier wie in meinen dreizehn
*   Dimensionen*
pulsiert im Einklang mit der großen Zentralsonne.

So sei es! So sei es! So sei es!

Kinich Ahau

Die drei Wesenheiten des Kinich Ahau

Schon in fernster Vergangenheit belegen die Maya eine ihrer obersten Gottheiten mit dem geheiligten Namen Kinich Ahau. Dieser Name steht für eine Lichtschwingung allerhöchster Frequenz und vereinigt in sich drei (nur vordergründig) verschiedene leuchtende Wesenheiten:

Den Aufgestiegenen Meister, das Zentralgestirn unseres Sonnensystems und unsere Galaxis.

I. Der Aufgestiegene Meister

In der Kultur der alten Maya gab es heilige Städte, in denen man die Wirkungsweise der DNA erkannt und erfolgreiche Versuche zur Erschaffung von Lichtwesen gemacht hatte. Aus den hoffnungsvollsten genetischen Stämmen wurden je ein Mann und eine Frau ausgewählt, die am besten geeignet schienen. Nach vier Generationen war ein ganz besonderer menschlicher Prototyp entstanden: Ein Wesen, das tiefste Weisheit verkörperte und die allerhöchsten kosmisch-göttlichen Schwingungen in sich trug. Es hatte die Fähigkeit, vollkommen im Ur-Einen Bewusstsein aufzugehen.

Als dieser außergewöhnliche junge Mensch zum Ahaukin ernannt wurde, zu einem dem Sonnenkult geweihten Priester, verlieh man ihm den geheiligten Namen Kinich Ahau, weil er die allerhöchste Schwingung des Sonnenlichtes in sich aufnehmen und beherbergen konnte. Es heißt, dass er bei seiner Investitur einen Mantel aus goldenem Licht trug, dessen elektronische Schwingung dem Sonnenlicht entsprach.

Sein politisch-spiritueller Sitz war das Heiligtum von Uxmal auf der Halbinsel Yucatán. Von dort aus errichtete er ein spirituelles Reich und verhalf seinem Volk zu allerhöchsten Einsichten. Sie erlebten ihr Dasein in all seinen dreizehn Dimensionen und konnten sich in jeder dieser Lebensfrequenzen frei bewegen. Dabei sammelten sie Erfahrung, Wissen und Weisheit. So entstand ein außerordentlich kenntnisreiches, harmonisches und wahrhaftig hochgeistiges Volk. Diese Phase ist als Goldenes Zeitalter bekannt.

Überall auf dem Territorium der Maya findet man die Figur des Kinich Ahau abgebildet, vor allem an Gebäuden in Form einer Maske, denn sein Name ist eine Anspielung auf das Antlitz der Sonne:

Kin = *Sonne*
Ich = *Gesicht*
Ahau = *Priester*
»*Der Priester des Antlitzes der Sonne.*«

Auf diesen Masken begegnet uns ein schmales Gesicht, mit einem üppigen Bart auf der Oberlippe, der auch am Kinn dicht und lockig wächst. Diese optischen Merkmale entsprechen in keinster Weise der biologischen Struktur der Ortsansässigen mit ihrem üblicherweise eher rundlichen und haarlosen Gesicht. Daran erkennen wir, dass er aus einer anderen genetischen Linie stammen muss. Auch auf Steinsäulen begegnet uns der Hohepriester als auffällig großer Mann, dessen Gefolge ihm gerade mal bis zur Schulter reicht. Kinich Ahaus außergewöhnliche Größe ist ein weiteres Charakteristikum, das einem genetischen Stamm entspricht, welcher »die Sterngeborenen« genannt wird.

Diese Wesen kamen aus anderen Regionen des Universums zu uns. In einigen alten Schriften werden sie schlicht Götter genannt, weil sie den Menschen die Weisheit brachten.

Diese Masken versinnbildlichen zugleich die wichtige Botschaft, die Kinich Ahau der Menschheit aller Zeitalter gleichsam als sein Vermächtnis hinterlassen hat, denn man sieht ihn dort mit verdeckter Nase, halb geöffnetem Mund und herausgestreckter Zunge. So wird anschaulich gemacht, dass er »mit dem Göttlichen Hauch« durch den Mund atmete, weshalb man diese Atemtechnik auch »Kinich-Ahau-Atmung« oder Sonnenatmung nennt. Sie ist das größte Geschenk des Meisters. Wenn auch wir »mit dem Göttlichen Hauch« atmen, können wir das Sonnenbewusstsein dekodieren, unsere wahre Identität zurückgewinnen und uns wieder als jene Wesen fühlen, die wir zu Anbeginn waren: rein, unschuldig und aus der Fülle schöpfend. Wir atmen durch den leicht geöffneten Mund sanft ein und aus und verbinden unser Bewusstsein mit dem der Sonne.

So zeigte der Meister Kinich Ahau seinem Volk die Wege zum Aufstieg. Doch er sagte ihm auch, dass in der Natur der Zeitwellen bereits sein Niedergang beschlossen lag. Um den großen Schatz an gesammelter Weisheit zu retten, ließ er alles in ätherischen Bibliotheken aufschreiben und auf goldenen Seiten archivieren. So fasste er das Wissen jener kulturellen Hochblüte zusammen und verwahrte es in anderen Dimensionen. Denn er wusste, dass finstere Zeiten kommen würden, und wie verheerend es sich auswirken kann, wenn ein solches Wissen von kleingeistigen Menschen missbraucht wird.

Ein Teil der angehäuften Erkenntnisse ließ er in Kristallen speichern, die in den großen Höhlen Yucatáns wuchsen. Und schließlich schwang er sich zusammen mit seiner Priesterschaft und jenen aus der Bevölkerung, die sich harmonisch mit ihnen abgestimmt hatten, aus eigener freier Entscheidung auf eine hohe Lichtfrequenz empor. Damit hatten Kinich Ahau und seine Getreuen das Band zerrissen, das sie mit ihrer physischen Erscheinung verknüpfte. Sie nahmen es auf sich, fortan in jenen anderen Dimensionen auszuharren.

Nach ihrem Aufstieg ohne Wiederkehr blieb ein Volk zurück, das immer weniger verstand und mit der Zeit all seine hohen Werte verlor. Jahrhunderte später stießen die Konquistadoren auf ein blutrünstiges Volk, das in mancher Hinsicht primitiv und allemal leicht zu erobern war. Dem Bericht des Mönchs Diego de Landa zufolge gab es bei der Ankunft der Spanier keinen einzigen jener hochgewachsenen, mit Federkronen geschmückten Hohepriester mehr, nur noch ein dem Niedergang geweihtes Volk. Die Hohepriester waren nämlich zu diesem Zeitpunkt längst aufgestiegen.

Und jetzt, in dieser neuen Ära, übergibt uns das aufgestiegene Bewusstsein des Meisters Kinich Ahau die Schlüssel aus Licht, die dem Goldenen Zeitalter der großen Maya-Kultur einst die Tore zum Leben geöffnet hatten. Die tiefe Weisheit seines meisterlichen Bewusstseins gestattet uns eine völlig problemlose Rückkehr zu höheren Einsichten.

Das heilige Wissen, das Kinich Ahau entströmt, gibt der Menschheit eine präzise Richtung vor. So kann der Bewusstseinssprung gelingen, der den gegenwärtigen Zeitensprung harmonisch begleiten soll. Dabei handelt es sich um ein absolut praxisbezogenes und zweckmäßiges Wissen. Das ist äußerst wichtig, denn es bleibt wahrhaftig keine Zeit mehr für Spekulationen und ideologischen Unfug, der nirgendwohin führt.

Die Experimentierphase des Lichtbewusstseins ist in vollem Gang. Seit 1992 steht der Aufgestiegene Meister Kinich Ahau in bewusstem Kontakt mit Nah Kin, die er als Mitglied erster Ordnung in seinem heiligen Kreis solarer Hohepriester (Ahaukines) betrachtet. Er selbst hatte ihr die Aufgabe übertragen, die mächtige Pyramide Ak-He-Nah-Tun in Uxmal, Yucatán wieder ihrem ursprünglichen Zweck als irdisches Haus für das goldene Licht der Sonnenweisheit zuzuführen. Seitdem lässt er Nah Kin nach und nach all das Wissen zukommen, das der Hochkultur der Maya einst zu Licht, Ruhm und Leben verhalf. Auf diese Weise soll es erneut in das Bewusstsein der Menschen integriert werden und ihnen als Ausgangsbasis zur Eroberung des Neuen Zeitalters dienen.

Als gegenwärtig verkörperte Menschheit sollen wir mit bestem Willen zu den aktuellen Umwälzungen beitragen und unser entschiedenes Ja zu Licht, Harmonie und Frieden als Gegengewicht in die Waagschale werfen, wenn es gilt, die alten Muster zu überwinden. Unsere aktive Haltung ist entscheidend, denn wie heißt es schon in der Bibel: »Die Lauen, die speit Gott aus.« (Luk. 16, 9-13)

Wir sollen uns dieser höheren Weisheit nähern und in unserer eigenen Welt den Weißen Weg einschlagen, den heiligen Sac-Bé der Maya. Sie selbst haben uns diesen Weg gebahnt, auf dem wir die Spiralen der Zeit für uns aktivieren und den Aufstieg vollziehen können. Wenn wir diesem Pfad folgen, mag uns der Quantensprung auf die nächsthöhere Welle der Zeit gelingen; der Sprung in das Zeitalter des Lichtbewusstseins, das uns eins werden lässt mit dem Großen Ganzen.

II. Das Zentralgestirn unseres Sonnensystems

Daneben war Kinich Ahau bei den Maya auch der Name für das königliche Gestirn, die Sonne unseres Planetensystems. Sie sahen darin ein Geistwesen, eine pulsierende Wesenheit, die als lebendiges Selbst ihre eigenen Existenzwellen und Vorstellungen hat und eigene Ziele verfolgt. Wenn sie von dem Geist redeten, der die Sonne beseelt, von der Essenz, die in jenem gewaltigen Stern gegenwärtig ist, sprachen sie von Kinich Ahau. Er ist der spirituelle Herrscher, der in der Sonne pulsiert.

Dieser Sonnengeist mit seinem gewaltigen Körper aus ursprünglichem Licht birgt in seinem Schoß ein strahlendes Feld göttlicher Essenz von außergewöhnlicher Machtfülle. Wenn wir, die verkörperte Menschheit, mit dieser göttlichen Erscheinung in Kontakt treten, verstärken sich unsere eigenen Lichtfelder. Jetzt können sie die leuchtenden Atome aufnehmen, die uns der große Sonnenkörper schickt. Unser Geist weitet sich, unsere Kraft als transzendente Wesen wächst, und als Kinder dieser mächtigen Lebensquelle sind wir innig mit dem Großen Sonnengeist verbunden.

Als Geist des königlichen Gestirns ist Kinich Ahau von tiefer Weisheit, schon weil sich in seinem Inneren alle Erkenntnisse des gesamten Planetensystems konzentrieren. Zugleich fängt er wie eine Antenne all das

Wissen auf, das von den anderen Sternen des Universums herrührt, und bündelt es. Die innere wie die äußere Weisheit steht unserem Selbst zur Verfügung, wenn wir uns mit der spirituellen Frequenz der Sonne abstimmen. Die alten Maya sagten dazu, »sich der Quelle des Wissens annähern«.

Wenn wir uns das Ausmaß an Einsicht, Weisheit und Wissen vorstellen könnten, das im Innern dieses Großen Sonnengeistes gespeichert ist, würde uns das bestimmt ermutigen, ihm unsere ganze Aufmerksamkeit zu schenken. Denn unser individuelles Selbst harmoniert mit seinem erhabenen Sonnenwesen, und wenn wir uns mit dem großen Weisheitsschatz in seinem Inneren in Verbindung setzen, verwandeln wir uns in transzendente Menschen, in multidimensionale Wesen, in strahlendes Bewusstsein.

Heute mehr als je zuvor verspüren wir das dringende Bedürfnis, uns wieder aufmerksam und liebevoll dem Großen Sonnengeist Kinich Ahau zuzuwenden und unsere Vater-Kind-Beziehung zu erneuern. Wir ahnen, dass wir in der Geborgenheit dieser Beziehung die Natur seiner gegenwärtigen Verwandlung und seiner neuartigen solaren Aktivität verstehen und so endlich begreifen könnten, welche Botschaft für uns darin enthalten ist. Ich bin sicher, dass es sich bei diesen Veränderungen um eine Form energetischer Anregungen handelt, die auf höhere Lichtfrequenzen führen und auch uns zur Verfügung stehen, wann immer wir uns in tiefer Harmonie mit der Sonne wissen.

III. Unsere Galaxis

Unsere Erde ist Bestandteil des Sonnensystems Kinich Ahau, das seinerseits Teil unserer großen Galaxis ist, die von den Maya bereits im Altertum mit demselben Namen bedacht wurde. Unsere Milchstraße wird von einer Zentralsonne regiert, deren Schwerkraft eine Unzahl an Sonnen an sich bindet, so dass sie um dieses Zentrum kreisen und einen gemeinsamen Körper bilden: Die Galaxis. Wenn man den Namen Kinich Ahau auf die Galaxis anwendet, bezieht man sich auf den Großen Sonnengeist, der die gesamte Ansammlung von Sternen umarmt, führt und regiert.

Wie jedes lebendige Wesen im Universum ist die Galaxis von einem Geist beseelt. Sie hat ein eigenes Bewusstsein, das sie leitet und ihr den Grund ihres Daseins erhellt. Sie absorbiert das Wissen, das von all den Sternen herrührt, die ihren galaktischen Körper ausmachen. Diese Information speichert sie in ihrer Zentralsonne. Außerdem empfängt sie die Botschaften von anderen Galaxien des Kosmos. Wann immer wir uns auf Kinich Ahau als Galaxis einstimmen, überkommt uns eine Ahnung von unendlicher Weite, Unermesslichkeit und Fülle. Wir verstummen und fühlen den Hauch der Ewigkeit.

Der Weisheitsschatz, der vom Großen Galaktischen Sonnengeist gehütet wird, steht uns immer dann zur Verfügung, wenn wir unser eigenes Bewusstsein auf seiner höchsten spirituellen Ebene mit diesem großen Geist in Einklang versetzen.

Drei in Einem

Kinich Ahau ist eins und dreifaltig zugleich. Der Aufgestiegene Meister, der Stern, die Galaxis, sie sind ein einziges Wesen, ein großer leuchtender Geist, der sich in allen Dimensionen bewegen kann. Er kann sich zur Galaxie erweitern, die Daseinsweise einer Sonne annehmen und sich selbst in einem Körper erfahren. Denn Kinich Ahau ist eins mit uns, und er zeigt uns, was jeder Einzelne sein kann: ein allwissendes Individuum, ein glänzender Stern, eine Galaxie in ihrer Fülle.

In der tiefen Weisheit der Maya, wie sie uns überliefert ist, steht Kinich Ahau für eine authentische Botschaft, die zu allen Zeiten gültig ist. Er ist die in einem Wesen verkörperte Allgegenwart und zeigt uns damit den Weg, den jedes Menschenwesen beschreiten kann. Die Botschaft lautet: Jeder von uns kann ein Ahau sein, ein Priester, der die Kreisläufe des Lebens und der Existenz durchschaut, der mit dem mächtigen ursprünglichen Licht in unserem Inneren in Verbindung steht und die dichte Materie zur rein geistigen Energie umwandeln kann. Ein Ahau ist fähig, hier und jetzt in der höchsten Dimension seines Wesens zu leben.

Kinich Ahau macht uns deutlich, dass wir leuchtende Sterne am Firmament sein und unendliche Kraft ausstrahlen können. Wir können allgegenwärtig sein, von integrativem Bewusstsein und ausgestattet mit der Macht, das Universum zu beleben.

Kinich Ahau führt uns dies vor Augen: Wir sind eine Galaxie mit einem gemeinsamen Anliegen, mit einer unteilbaren Liebe, die verschiedene Körper im

Inneren einer wärmenden Galaktischen Sonne vereint
und versammelt. Wie die alten Weisen brauchen wir
lediglich auszusprechen: »Das bin ich.«

Die Glyphe des Kinich Ahau

Mit diesem Zeichen wurde der Sonnengeist in den
alten Handschriften dargestellt. Die zwölf Spiralen
stehen für die Bewegungsform der Energie im Universum: Eine positive Welle der Ausdehnung verschränkt
sich mit einer negativen Welle der Kontraktion. Wenn
wir an der Stelle, an der sich die beiden Polaritäten
kreuzen, ein Segment herausschneiden, haben wir eine
zylindrische Spirale vor uns, auch Helix genannt. Diese zwölf Helices versinnbildlichen die Energie des Universums, in dem alles ständig in Bewegung ist und

nichts stille steht. Die Entwicklung von 1 bis 12 stellt eine Folge von Frequenzen oder Phasen dar.

Die 1 bezeichnet dabei eine Grunderfahrung, den Beginn eines Lernprozesses. Denn zunächst einmal ist unser Fundus sehr beschränkt, wenn es darauf ankommt, selbständig mit einer Erfahrung umzugehen. Wir fangen ja gerade erst mit dem Lernen an.

Die 2 zeigt uns die Polarität, mit der wir konfrontiert werden, wenn wir zum ersten Mal zwischen Gut und Böse unterscheiden, zwischen dem, was uns bei einer Erfahrung gefällt und was nicht. Das ist der zweite Punkt in dem Lernprozess, den wir gerade durchlaufen. Mit der Zeit verstehen wir weitere Dinge, lernen sie einzuordnen und machen wieder einen Schritt vorwärts.

Die 3 steht für einen Rhythmus, eine Dynamik, die dafür sorgt, dass wir uns innerhalb des bisher Gelernten bewegen.

Bei Punkt 4 beginnen wir, diesem Wissen Form zu geben und bestimmte Muster zu verfestigen. Wir werden immer stärker und sicherer.

Auf Stufe 5 können wir die Macht ermessen, die darin liegt, dass wir uns im Laufe dieses Lernprozesses gefestigt und zu innerer Stärke gefunden haben.

In die Spirale 6 treten wir ein, wenn wir im Rahmen dieser Erfahrung fähig sind, etwas Persönliches oder Besonderes zu vollbringen. Das Erlernte hat uns so weit gebracht, dass wir unsere Persönlichkeit geltend machen und einer Tätigkeit, Erfahrung oder Situation unseren Stempel aufdrücken können.

Mit der Phase 7 erringen wir eine mystische Macht, die uns zu spontanen und natürlichen Äußerungen über diesen Lernprozess befähigt.

Die 8 steht für eine harmonische Resonanz, die auftritt, sobald man sich in einem Umfeld sicher fühlt.

Wenn wir bei Spirale 9 ankommen, erfahren wir plötzlich eine Erweiterung. Was wir tun, tun wir gut, kenntnisreich, originell, und wir fühlen, wie wir uns in uns selbst ausdehnen.

Die Spirale 10 ist erreicht, wenn wir höhere spirituelle Merkmale entwickelt haben, die von anderen Dimensionen persönlicher Erfahrung herrühren, als der gerade erlebten. Jetzt können wir höhere Eigenschaften in unserem irdischen Dasein verankern.

In der Spirale 11 erfährt man die Dissonanz. Sie fordert uns dazu heraus, auch jene Faktoren zu berücksichtigen, die wir bisher übergangen haben.

Die 12 ist der Höhepunkt jeder in Zeit und Raum möglichen Erfahrung. Jetzt wird das Gelernte in die übergeordnete Gesellschaftsstruktur integriert und dient damit dem Gemeinwohl. Diese Spirale steht also für die Zusammenarbeit mit der restlichen Menschheit.

Wir alle gehen in den verschiedensten Bereichen, bei beruflichen und persönlichen Angelegenheiten oder in der Liebe, durch all diese Spiralen hindurch, vom Beginn einer Beziehung, Situation oder Erfahrung bis zu deren Vollendung. Jeder Einzelne kann mit Hilfe dieser Siegel jederzeit orten, wo er gerade steht und wie der nächste Schritt aussehen wird. Die 12 Spiralen versinnbildlichen den Lernprozess in Zeit und Raum, wie er sich in der universellen Bewegung widerspiegelt.

Die plus 1 steht für den Geist: das Ewige, das Unveränderliche, das Heilige, das Prinzip der Höchsten Reinheit.

Die plus 1 ist im Zentrum der Kinich-Ahau-Glyphe präsent, dargestellt durch das in drei Elemente gegliederte Antlitz der Sonne. Denn alles Göttliche ist eins und zugleich dreifaltig. In den großen Kulturen stoßen wir häufig auf dieses spirituelle Prinzip: Bei den Ägyptern ist es durch Horus, Isis und Osiris verkörpert; in der alten Hindu-Religion finden wir es als Brahma, Vishnu und Shiva, und wir begegnen ihm in der Trias von Vater, Mutter und Kind. Die göttliche Autorität macht die Dreifaltigkeit zur Antriebskraft für jegliche spirituelle Gegenwart. In der Mitte der Glyphe sehen wir zwei weit offene Augen. Um spirituelles Bewusstsein zu erlangen, muss man also in der immerwährenden Natur des eigenen Selbst wach und wachsam sein. Die Freimaurerschulen lehren, dass die Menschheit »in einen tiefen Traum gefallen« sei; selbstvergessen nähre sie schlafend das Unbewusste.

Die Glyphe des Kinich Ahau zeigt uns, wie grundlegend wichtig ein waches Bewusstsein ist. Wenn wir die Augen öffnen, erkennen wir die wahre Gottesnatur unseres Wesens. Nur so können wir die Fülle erfahren, die uns angemessen ist, und mit ihr die Verbindung unseres Selbst mit allen Aspekten der Schöpfung über jenes zarte Band, das uns mit dem Ganzen zu einer Einheit verknüpft.

Die Maya zeigen uns den Weg. Sie sagen uns, dass wir ihn jederzeit beschreiten können, wenn wir uns nur dazu entschließen, »die Augen zu öffnen« und unsere wahre, allwissende Natur zu erkennen. Wir sind Götter, die beschlossen haben, sich hier und jetzt zu verkörpern, aber dennoch stellare Geistwesen geblieben sind. Wir sind aus demselben kosmischen Staub gemacht wie die Galaxien, von derselben Natur erschaffen. Und deshalb sind wir eins mit diesen Bewusstseinsformen, die so unermesslich ausgedehnt und uns dabei doch so überaus wohlgesinnt sind. Wir müssen lediglich die hinderliche Vorstellung abschütteln, in unserem kleinen Körper eingesperrt zu sein. Er ist nicht unsere einzige Bezugsgröße, und wir sind keineswegs auf unsere klassischen fünf Sinne reduziert. Man hat uns das nur weisgemacht, und genau davon müssen wir uns befreien. Dann wird sich unser Begriffsvermögen erweitern, und wir werden eins im Geiste und in der Wahrheit mit dem obersten galaktischen Bewusstsein von Kinich Ahau.

Im Zentrum dieser Glyphe sehen wir ferner an der entsprechenden Stelle einen Kreis, der einen geöffneten Mund darstellt. Dies ist das Symbol für die Sonnenatmung, einer gehauchten Atmung, die im Bewusstsein erfolgt, dass wir Prana – die göttliche Lebensenergie – einatmen. Durch den Mund werden die geistigen, göttlichen Qualitäten aufgenommen. Mit dieser Atemtechnik stimmen wir unser Selbst unmittelbar auf die Merkmale des Geistes ab, und sie ist der Schlüssel zum Sonnenbewusstsein und unverzichtbarer Bestandteil in jedem Prozess der Annäherung an das heilige Wissen der Maya.

Wie jede Maya-Glyphe repräsentiert auch die von Kinich Ahau ein Symbol, in dem die Gesamtvision enthalten ist, die sich dieses weise Volk vom Sonnengeist gemacht hatte: Es zeigt uns die unablässig fließende Energie, die uns durch den Lauf der Existenzen hindurch bewegt und uns immer unser gegenwärtiges Entwicklungsstadium vor Augen führt. Auch sehen wir, dass wir jederzeit den Sprung auf die plus 1 machen und spirituelles Bewusstsein erlangen können. Wir müssen nur hellwach sein und immer daran denken, dass wir Wesen sind, die an denselben göttlichen Attributen Anteil haben: Ewigkeit, Licht und Weisheit. Die gehauchte, bewusste Atmung hält uns wach und gewährt uns die Vereinigung mit dem schöpferischen Prinzip. Und so kehren wir klaren Geistes zurück zur lebendigen Erfahrung einer allumfassenden Gegenwart unseres wahren Wesens.

In der Transzendenz berühren wir die drei Kräfte dieser spirituellen Sonne und können sie unserer Biostruktur einverleiben. Dann schwingen wir im Einklang mit der geistigen Frequenz des Sonnenlichts, und damit sind wir auch harmonisch auf die Lichtfrequenz der spirituellen Kraft der Sonne eingestimmt.

Wir sollten uns der Hilfe des Kinich-Ahau-Symbols bedienen, wenn wir uns an die solaren Merkmale herantasten. Denn dieses Bild enthält einen bedeutsamen Symbolismus, der in der tiefsten Tiefe unseres Unterbewussten die Eigenschaften und Attribute der machtvollen Sonnenstrahlung entfaltet, die uns verwandelt und verklärt. So können wir auf die Ebenen der solaren Kristus-Existenz emporsteigen und uns auf die kommenden Zeiten einstimmen.

Wie man die Attribute der Sonnenglyphe in sich aufnimmt

Begebe dich an einen ruhigen Ort, den du zuvor mit etwas Räucherwerk gereinigt hast, und nimm deine Meditationshaltung ein. Stelle eine brennende Kerze vor dich hin, die das heilige Feuer symbolisiert. Daneben ein Glas Wasser, das dir mit seiner magnetischen

Kraft helfen soll, die Eigenschaften herbeizurufen, die du dir erarbeiten möchtest. Gut wäre auch ein Bergkristall mit Spitze, der deine Biostruktur versinnbildlicht und die hochfeinen Schwingungen empfangen kann, die dem Großen Sonnenbewusstsein Kinich Ahau entströmen.

Beginne damit, tiefe und sanfte Atemzüge durch den Mund zu tun, indem du langsam einatmest und dabei fühlst, wie Gott selbst mit all seinen segensreichen Eigenschaften dir seinen Odem einhaucht. Dann atme sachte aus und gib dabei einen Teil des empfangenen Lichts an deine Umgebung ab. Wiederhole diese Art zu atmen systematisch, ein ums andere Mal, während dein Geist sich klärt, dein innerer Friede immer tiefer wird und dein Bewusstsein erwacht.

Wenn der Atem so bewusst zum Fließen kommt, dann richte deinen Blick auf die Glyphe des Kinich Ahau. Sieh, wie aus seinem goldenen Glanz die Flammen der Sonne hervorzüngeln. Du spürst, wie sich dir die lebendige Gegenwart eines Geistwesens nähert.

Atme weiter, immer tiefer und sanft durch den Mund ein und fühle, wie die Frequenz des Sonnenlichts, welche das Siegel ausstrahlt, dich ganz ausfüllt. Du siehst dieses Bild vor deinem inneren Auge, während du die Gaben des Sonnenbewusstseins entgegennimmst, die dir so großzügig geschenkt werden. Die Weisheit des Aufgestiegenen Meisters umhüllt mit seinem Lichtkörper dein Selbst, regt jedes Molekül deines Körpers an und hebt ihn auf die Lichtfrequenz empor. Du schwingst im Fluidum der höheren Dimensionen.

Bewahre das Bild dieser Glyphe in dir, während du das Licht empfängst. Du fühlst, wie die Sonne ihre

Lichtpartikel verströmt, die jede Zelle deines Körpers durchdringen, erneuern und in schöpferische Lichträume verwandeln. Die leuchtenden Photonen lassen all die Erinnerungen an Werden und Vergehen verblassen, auf die dein Körper so lange programmiert war. Jetzt kommt das eigentliche Muster des Lebens wieder zum Vorschein, und dein Organismus gewinnt Gesundheit und Vitalität zurück. In diesem Zustand beschleunigen deine Moleküle ihre Schwingung dermaßen, dass du hier und jetzt in der Dimension des Lichtkörpers leben kannst.

Richte deine gesamte Aufmerksamkeit auf die Sonnenglyphe und werde deiner innigen Gemeinschaft mit ihrer lichten Emanation gewahr. Indem du die Sonnenatmung praktizierst, lässt du zu, dass sich die tiefsten Codes deines Geistes öffnen. So überträgt sich die große Weisheit der Sonne auf dein Unterbewusstsein, dein Unbewusstes und dein Überbewusstsein, wo sich das in der Glyphe enthaltene Informationspaket entlädt. All diese Informationen erinnern dich an die schöpfergöttlichen Fähigkeiten, über die auch du als Kind der Sonne verfügst. Die Sonnenweisheit rekodiert dein gesamtes Wesen und erhebt es auf ein Höchstmaß an Verständnis und Erleuchtung.

Das Denken lass ausgeblendet, denn dort lauern die zähen Programme der Vergangenheit, die dir Fesseln anlegen. Gestatte vielmehr, dass die leuchtende Kraft der Sonnenglyphe die Codes der ewigen Weisheit in dir neu erweckt, wie es dir in dieser Schicksalsstunde der Menschheit gebührt.

Die Gnade der Sonne erfüllt dich … atme sanft durch den Mund … du bist eins mit der wiederbelebenden Kraft der Sonne … atme sanft durch den

Mund ... du bist eins mit der Schöpfung und der spirituellen Emanation der Sonne ... atme sanft durch den Mund ... dein Sein ist mit dem Großen Sonnengeist in heiliger Kommunion verbunden.

Hinweis zur Aktivierung der Glyphe: Es gibt drei besonders günstige Tageszeiten, um die Kraft des Sonnenbewusstseins zu empfangen.

- Die Morgenröte, wenn die Sonne gerade eben aufgeht und sich die ersten Lichtstrahlen zeigen, ist ein in spiritueller Hinsicht ausnehmend wirksamer Zeitpunkt. Wenn wir uns jetzt im Geiste mit der Sonne verbinden und die Kräfte der Weisheit, des Lichts und der Aktivierung ewiger Codes herbeirufen, werden sie sich uns besonders gut einprägen.

- Zur Mittagszeit, wenn die Sonnenstrahlen senkrecht fallen und am intensivsten leuchten, durchdringt der goldene Strahl der Verwandlung mühelos die Felder der menschlichen Biostruktur. Dies ist eine gute Zeit für die Sonnenatmung, die uns mit der Sonnenglyphe von Kinich Ahau verbindet.

- Bei Sonnenuntergang kann es leicht geschehen, dass wir uns geradezu in die Sonne verlieben. In unserer Verzückung sind wir außerordentlich durchlässig für den leuchtenden Geist Kinich Ahaus. Seine Codes dringen in uns ein und erhellen unsere innere Welt mit Klarheit, Wahrheit, Weisheit und Liebe.

Im Grunde jedoch ist jeder Moment, in dem sich unser Bewusstsein entschlossen den Emanationen Kinich Ahaus und seiner großen Weisheit öffnet, dazu geeignet, uns zu wandeln und uns mit der anregenden Strahlkraft des Großen Geistes, unseres Sonnenvaters, zu durchdringen.

Die Große Sonnenscheibe

Durch die Zeitläufe hindurch haben verschiedene Kulturen die Große Sonnenscheibe als Urquell des Göttlichen angesehen und in den Mittelpunkt ihrer Anbetung gestellt. Man huldigte der Sonne, um so in Kontakt mit der allerhöchsten Frequenz von Leben und Licht zu treten, die unser königliches Gestirn ausstrahlt.

Für die alten Ägypter war die Sonne in Gott Ra gegenwärtig. Die Hochblüte des Sonnenkults fällt in die Regierungszeit des Pharao Echnaton; damals wurde die Religion monotheistisch, und man verehrte die Große Sonnenscheibe als oberste Gottheit. In ihrer unendlichen Weisheit liegt es begründet, dass sich uns die Tore des Lichts öffnen, wann immer wir spirituell mit ihr Verbindung aufnehmen.

In Mittelamerika gab es ebenfalls Sonnenkulturen, etwa die Maya oder die Tolteken, welche die Große Sonne Tonatiuh, den Himmelskönig oder Lebensspender, zum höchsten Gott erhoben hatten. In Südamerika erkannten die Zivilisationen der Inka und Aymara die Oberherrschaft des Gottes Inti an. Das gewaltige Inkareich stützte sich auf die Kraft des Sonnenlichts, eine Kraft, die mit Gold aktiviert wurde, weil man in diesem Metall die leuchtenden Eigenschaften des großen Sonnengottes materialisiert sah.

Auch in Europa gab es entsprechende Hochkulturen. So ließen zum Beispiel die Kelten in Stonehenge megalithische Anlagen errichten, die von ihren Priestern, den Druiden, perfekt nach den Sonnenwenden ausgerichtet wurden. Bei ihnen wurden die Höhepunkte der heiligsten Zeremonien also ebenfalls von der Großen Sonnenscheibe bestimmt.

Die keltische Triskele versinnbildlicht ewige Bewegung. Die Sonne erscheint hier als ein zusammengesetztes Kräftefeld, von dem mächtige Energiespiralen zur Aktivierung der gesamten Schöpfung ausgehen.

Das Urchristentum erblickte in Jesus eine Erscheinung von höchster Weisheit, den Kristus, die irdische Gegenwart der spirituellen Frequenz der Sonne. Deshalb sprach man ihn auch als den großen Sonnen-Logos an. Kristus war das Fleisch gewordene Wort (Logos) des Sonnengeistes, Verkörperung des von der Großen Sonnenscheibe gesandten göttlichen Odems. Die Katharer (d. h. »die Reinen«, eine christliche Sekte, die ethisch höchst anspruchsvolle Gebote befolgte und sich von der institutionalisierten katholischen Kirche entfernt hatte, der sie vorwarfen, die direkte Verbindung zwischen Mensch und Gott verhindern zu wollen) bewahrten in ihrem Kult die ursprüngliche Vorstellung von Kristus als der Großen Sonnenscheibe, als Geist der Sonne. Damit hörte er auf, eine physische Person zu sein und verwandelte sich stattdessen in eine leuchtende Wesenheit. Ihre Lehre war von außergewöhnlicher Reinheit und tiefer Mystik, und sie lebten diese tief empfundene Liebe. Sie wussten, dass wir alle dieser Krist-Werdung fähig sind, sobald wir akzeptieren, dass das göttliche Licht in jedem von uns gegenwärtig ist.

Wenn wir uns in liebendem Bewusstsein mit dem Geist der Sonne vereinen, ist das wie eine Rückkehr zu ihrer lebenspendenden spirituellen Quelle. Hier deckt sich unsere Erkenntnis mit dem Glauben der Hochkulturen, die einst auf Erden ihre Blütezeit hatten. Die weisen Maya sagten es so: Wir sind das Kinam, wir sind das Sonnenwesen, ja, wir selbst sind die Sonne!

Wenn wir erkennen, dass wir das Fleisch gewordene Wort der Sonne sind, so sind wir der Sonnen-Logos, sind wir Kristus und stehen damit in direktem Kontakt mit der authentischen Dimension unseres Selbst.

Wirf deine Fesseln ab und überlasse sie der Großen Sonne

Im Folgenden sollen verkapselte Erinnerungen an Schmerz, Leid und Entbehrung freigesetzt werden. Sie binden uns wie Fesseln, und wir müssen uns ihrer entledigen. Unser waches Bewusstsein zeigt uns überdeutlich, dass uns diese restriktiven und eindeutig negativen Muster in Erfahrungen von Krankheit und Tod gefangen halten. Das siegreiche Lichtbewusstsein hingegen sagt uns mit aller Bestimmtheit: Schluss mit dem Leid in unserem Leben!

In einem meditativen Prozess werden diese alten Muster bewusst losgelassen. Mit scharfem Verstand wollen wir die Dunkelsphären hervorholen, in denen sich Programme verstecken, die uns nur behindern. Wir werden sie mit aller Kraft unseres Selbst und unserer Überzeugung der Großen Sonne entgegenschleudern. Und diese höchste Sphäre wird sie mit ihrer gewaltigen, feurigen Kraft augenblicklich verbrennen, so dass sie aus unserem Leben verschwinden und nicht länger zur psychischen Ausstrahlung der Menschheit gehören. Fortan seien sie erlöst von ihrer Ursache und ihrem Ursprung.

Die Übergabe

Nimm eine bequeme Haltung ein und praktiziere die gehauchte Sonnenatmung durch den Mund, wie es vom weisen Meister der Maya, Kinich Ahau, gelehrt wird. Konzentriere dich so lange auf die Atmung durch den Mund, bis dein Bewusstsein hellwach geworden ist.

Nimm Kontakt auf mit der mächtigen Lichtfrequenz der Sonne, jener Sphäre voll göttlicher Glut, voller Liebe zum Guten und zur allmächtigen Wahrheit. Atme tief und vergegenwärtige dir deine innige persönliche Gemeinschaft mit dem höchsten Sonnenselbst. Du baust mit an der Brücke, die euch in Liebe vereint.

Nun schau in dich hinein und suche eine jener dunklen Sphären in dir, die deine Existenz verdüstern. Da ist zum Beispiel die Gleichgültigkeit: Suche sie in jedem Teil deines Körpers, in jedem Teil deiner Energie und bemühe dich, sie da herauszuholen. Während du kräftig ausatmest, schleuderst du sie mit aller Kraft in Richtung der Großen Sonne. Und sieh: Die Sphäre der Dunkelheit verbrennt in des Sonnengeistes urgewaltigem Feuer. Nun richte deine Aufmerksamkeit wieder auf dich selbst und suche nach anderen negativen Sphären wie Eifersucht oder Angst oder etwa dem Gefühl, minderwertig zu sein. Vielleicht entdeckst du Symptome einer Krankheit in dir oder du stößt auf eine Glaubensvorstellung, die du durch schlechten Umgang angenommen hast. Es kann sich aber auch um die negative Beziehung zu einer anderen Person handeln. Du rückst einer jeden dieser Sphären auf die gleiche Weise zu Leibe: Einatmend spürst du sie auf, und während du sie aus deiner energetischen Biostruktur ans Licht ziehst, atmest du kräftig aus und schleuderst sie wie einen dunklen Ball hinweg von dir, hinein in die leuchtende Herrlichkeit der Großen Sonnenscheibe. Und wieder gewahrst du, wie die Ursache all deiner Übel verglüht.

Lass dir Zeit bei diesem Prozess. Gemächlich, bewusst und voller Liebe arbeitest du daran, das riesige Lager bedrohlich verkapselter Finsternisse in dir nach und nach zu räumen, während die reine Energie des Schöpfers die harmonische Ordnung deiner Existenz wiederherstellt.

Es ist unbedingt nötig, dass du dir diese dunklen Erfahrungskerne ins Bewusstsein rufst, bevor du sie übergibst, denn gerade dein Unbewusstes hat sie allzu lange in deinem Inneren gehätschelt. Doch jetzt ist dein Blick ungetrübt; die negativen Sphären, die deinen Mut abwürgen und deine Seele einsperren wollten, können sich nicht länger vor dir verbergen. Während dieser Übung nun berührst du jeden einzelnen dieser Aspekte, die es freizusetzen gilt. Die Atmung mit der Sonne hilft dir dabei: Beim Einatmen ziehst du das düstere Gebilde aus seinem Versteck hervor, und indem du heftig durch den Mund ausatmest, schleuderst du es mit kräftigem Schwung der Großen Sonnenscheibe entgegen. Das wiederholst du so lange, bis du vorerst mit allen Dunkelsphären fertig bist, die im Laufe dieses Prozesses aufgetaucht sind. Wenn du diese Meditation wiederholst, stößt du möglicherweise auf neue Sphären, die du zuvor noch nicht entdeckt hattest. Mache daher diese Übung getrost so oft, wie es dir nötig erscheint, das heißt, solange noch irgendein Leidensregister übrig ist.

Endlich bist du so sauber wie ein gründlich geputztes Zimmer, wie ein Lagerraum, aus dem aller überflüssige Krempel hinausgeworfen wurde. Und jetzt ist es ungeheuer wichtig, dass du vorbehaltlos aufnahmebereit bist für die machtvolle Lichtfrequenz der Großen Sonne.

Wenn du diese Bereitschaft in dir fühlst, sprich dreimal: »Ich bin bereit. Ich bin bereit. Ich bin bereit. Das mächtige Licht der Großen Sonne erhelle all meine inneren Räume mit der höchsten Frequenz des göttlichen Lichts. Möge es mein bioenergetisches Muster erneuern, so dass es meiner göttlichen Gegenwart gerecht wird.«

Die Präsenz des Großen Lichts, das die Sonne ausstrahlt, muss in den menschlichen Daseinsmustern vorherrschen, damit das Neue Zeitalter verwirklicht werden kann und wir im selben Ton schwingen wie die höchsten Daseinsformen in ihrer ganzen geweissagten Herrlichkeit.

Die Sphären der Gnade und der Barmherzigkeit

Die Große Sonne strahlt nach allen Seiten ein Licht aus, mit dessen Hilfe jeder von uns als Kristus, das heißt, als perfektes Wesen wiedergeboren werden kann. Es sind dies die Sphären der Gnade und der Barmherzigkeit. Dieser göttliche Gnadenquell ist ein Geschenk des liebenden Sonnenvaters, damit wir im Hier und Jetzt das wache Bewusstsein unserer transzendenten Seinsweise erlangen können.

In der Barmherzigkeit wird uns die unendlich mitfühlende Liebe des Großen Sonnenbewusstseins Kinich Ahau zuteil. Mit dieser Hilfe lässt sich unsere ursprüngliche spirituelle Biostruktur rekonstruieren. In der übermächtigen Schwingung unseres Strahlenkörpers werden wir neu geboren.

Sphären der Gnade

Scheitel: spirituelle Verbindung

Nacken: Kommunikation mit den höheren Dimensionen

Ankerpunkt: Schutz

Taille: Stärke

Steißbein: Entscheidung

Sphären der Barmherzigkeit

Zwischen den Augenbrauen: Kreativität

Thymus: Leben

Herz-Chakra: Liebe

Solarplexus: Harmonie

Hara: Lebensfreude

Die Sphären der Gnade

Die Sphären der Gnade verteilen sich entlang der Wirbelsäule über die Rückenpartie unseres Körpers. Schon während der Embryo in seiner gekrümmten Haltung im Mutterleib heranwächst, ist die Region vom Scheitel bis zum Kreuzbein unerhört wichtig. Sobald das Licht jener Sphären dort anlangt, erwachen die Erinnerungen an das Gotteskind, das Lichtkind, das wir alle in uns tragen. Das Licht verklärt alle menschliche Erfahrung zur Gewissheit, eins mit dem Göttlichen zu sein.

Erste Sphäre der Gnade: Spirituelle Verbindung (Scheitel)

Mit ihrem Sitz am Scheitel verhilft uns diese Sphäre zu einer innigen Verbindung mit dem Geist, der in allen Erscheinungsweisen und zu allen Zeiten gegenwärtig ist. Sie erlaubt uns, seine feinstoffliche und zugleich mächtige Welt wahrzunehmen und uns im Wirkungsbereich der göttlichen Aura aufzuhalten, die uns diese Bewusstseinsebene eröffnet.

Zweite Sphäre der Gnade: Kommunikation mit den höheren Reichen (Nacken)

Die zweite Sphäre hat ihren Sitz im Nacken und erlaubt uns die Kommunikation mit den Reichen der Engel, den spirituellen Meistern, den Aufgestiegenen Meistern, den Sternenwesen sowie dem galaktischen, kosmischen und göttlichen Bewusstsein.

Sie öffnet uns das Tor zu der Erkenntnis, dass unsere Welt den intensiven Beistand überragender Intelligenzen erhält, die gerne bereit sind, mit uns zu kooperieren. Gerne zeigen sie uns, wie wir unsere Fesseln abwerfen können. Ihr Ziel ist es, uns zu einer ganzheitlichen Lebensweise in Harmonie, Fülle und Schönheit zu führen, wie es der eigentlichen Natur unserer spirituellen Identität entspricht.

Diese Gnadensphäre gibt uns das Bewusstsein zurück, dass wir in jedem Augenblick unseres Lebens von höheren Präsenzen umgeben sind. Auch macht sie uns unsere eigene göttliche Gegenwart wieder bewusst. In der Gewissheit ihrer Hilfe fühlen wir, dass es uns an nichts mangelt, wir sind vollständig, und die Lichtwesen wiegen uns in ihren Armen.

Dritte Sphäre der Gnade:
Göttlicher Schutz (Ankerpunkt)

Eine weitere wichtige Zone befindet sich im Ankerpunkt zwischen den Schulterblättern. An dieser Stelle treten große Energiemengen in unseren Körper ein. Beim Embryo ist dieser Punkt besonders exponiert.

Die hier angesiedelte Gnadensphäre weiß uns wirkungsvoll mit einem sphärischen Feld aus golden strahlendem Sonnenlicht zu schützen. Energie niedriger Schwingung, die für Neid, Eifersucht und Missgunst verantwortlich ist, kann nun nicht länger schwächend in unsere Struktur eindringen. Denn hier hält uns ein Wachposten von höchster Lichtfrequenz »den Rücken frei«. Nur das allerreinste Licht darf uns berühren, nur durch das allerreinste Licht wird uns Leben, Harmonie, Glück, Fülle und vollkommenes

Wohlbefinden zuteil. Dafür also haben die Ungeborenen in der Embryohaltung diese vorgewölbte Stelle, durch die ihnen der Große Geist die Gnade seines göttlichen Beistandes gewährt. Wenn wir das Bewusstsein jener Sphäre zurückerlangen, wird auch dieser mächtige spirituelle Schutz wieder wirksam.

Vierte Sphäre der Gnade: Spirituelle Stärke (Taille)

Zwischen den Nieren liegt die Gnadensphäre jener Stärke, die vom spirituellen Bewusstsein ausgeht. Sie lässt uns unserem Vorsatz, ein harmonisches Leben zu führen, treu bleiben. Ein Mensch, der diese Sphäre vernachlässigt, erfährt sein Leben als chaotisch und weiß ihm weder Sinn noch harmonische Ordnung zu geben. Er fühlt sich den Umständen ausgeliefert wie eine Marionette.

Wenn jedoch die Gnadensphäre der spirituellen Stärke in uns wirkt, ist unser Selbst wieder mit jener inneren Macht verbunden, die wie die tragende Säule eines Tempels unsere göttliche Unversehrtheit stützt. Nichts und niemand kann uns verdrängen, wir wanken und weichen nicht, wenn wir uns fest in unserer spirituellen Natur verankert wissen.

Aus diesem Punkt unseres Bewusstseins heraus sind wir stark und stabil, von hier aus organisiert sich unser Leben als ein zusammenhängendes Ganzes, schlicht und transzendent zugleich.

Fünfte Sphäre der Gnade:
Entscheidung (Kreuzbein)

Diese Gnadensphäre im Kreuzbein gibt uns den höheren Antrieb, den wir brauchen, um uns ohne Zögern für konstruktive, positive und edle Handlungen, Einstellungen oder Vorsätze entscheiden zu können.

Wenn wir die Lebensentscheidung treffen, dass uns die Gnade der Großen Sonne leiten soll, wird uns eine hohe Entschlussfreudigkeit zuteil, die uns stets in Übereinstimmung mit unserem wahren göttlichen Wesen handeln lässt.

Ist diese Sphäre hingegen geschwächt, dann vermag der Mensch nur schwer die richtigen Entscheidungen zu treffen. Er taumelt durchs Leben, kaum fähig, für sein eigenes Wohl, seine Harmonie und seinen inneren Frieden einzutreten. Einem starken Steuermann gleich führt uns die Gnadensphäre des Kreuzbeins als verlässliche Orientierungshilfe zu jenem Leben in Gnade, das uns entspricht.

Die Sphären der Barmherzigkeit

Die Sphären der Barmherzigkeit, die wir für die Zeit unserer Blüte in uns tragen, verteilen sich entlang der Mittelsenkrechten unserer Körpervorderseite.

Erste Sphäre der Barmherzigkeit:
Kreativität (zwischen den Augenbrauen)

Diese erste Sphäre verleiht uns den rechten Gebrauch unserer geistigen Macht und verhilft uns zu positiven Gedanken voller Edelmut, Gnade und Licht.

Der Geist eines Menschen, bei dem diese Barmherzig-keitssphäre nicht angeregt ist, reibt sich in chaotischen und schmerzlichen Gedanken auf. Wirre Ideen lähmen ihn und gaukeln ihm vor, die Erde sei ein Jammertal. Aber wenn wir die Sphäre der Barmherzigkeit zwischen den Augenbrauen zu einem Teil unseres Selbst machen, nistet sich das göttliche Licht in unserem Denken ein und lässt auch dort wieder Helligkeit, Schönheit und Leben entstehen. Gedanken, die von den leuchtenden Atomen der Sonne aufgeladen sind, sorgen für Harmonie in unserem Dasein. Sie machen uns empfänglich für die Erhabenheit Gottes: für den heiligen Gedanken, die erlösende Idee, die höchste Weisheit.

Zweite Sphäre der Barmherzigkeit: Erneuerung des Lebens (Thymus)

Die zweite Sphäre göttlicher Barmherzigkeit macht uns fähig, unsere gesamte Biostruktur selbst erneuern zu können. Wir sind nach dem Bilde Gottes geschaffen, wir gleichen ihm, und so sind wir Wesen des ewigen Lebens, unsterblich, unvergänglich. Alles in uns ist so beschaffen, dass es sich regenerieren und stets im Odem des lebendigen Geistes verweilen kann.

Nachdem im Laufe der Geschichte die Menschheit diese Sphäre preisgegeben hatte, drohte sie in den leidvollen Erfahrungen von Krankheit und Tod unterzugehen.

Über diese Sphäre, die sich auf körperlicher Ebene bei der Thymusdrüse befindet, möchte uns die Große Sonne daran erinnern, dass wir in Wirklichkeit das Licht des Lebens sind!

Dritte Sphäre der Barmherzigkeit:
Reine Liebe (Herz-Chakra)

Diese Sphäre sitzt mitten in unserer Brust. Sie speist uns mit dem köstlichen Nektar der reinen Liebe, jener göttlichen Zuneigung, die wie ein unerschöpflicher Quell höchster Schwingung aus unserem Herzen hervorsprudelt und allen Geschöpfen, ja, dem Leben in seiner Gesamtheit zugutekommt. Tief in uns empfinden wir diese Liebe als wesentliche Seinsweise unseres eigenen Selbst, und sie erfüllt unser Dasein mit ihrem Duft.

Als die Menschen auch diese Sphäre der Barmherzigkeit verkommen ließen, sonderten sie sich immer mehr voneinander ab. Endlose Streitereien und Ärger waren die Folge. Das vergiftete die Beziehungen der Menschen untereinander und beeinträchtigte ihre Verbindung mit dem Leben selbst.

Wenn wir diese Sphäre der reinen Liebe jedoch für uns zurückerobern, werden wir zu mitfühlenden Wesen. Ausgestattet mit der allerhöchsten Empathiefähigkeit fühlen wir uns eins mit dem Ganzen.

Vierte Sphäre der Barmherzigkeit:
Harmonie (Solarplexus)

Harmonie erwächst aus einem Zustand innerer Stärke, der sich einstellt, wenn wir uns gänzlich selbst ausfüllen und tiefen inneren Frieden empfinden. Genau diesen Zustand führt jene Sonnensphäre im Solarplexus herbei. Die leuchtenden Atome, die über unser Leben herrschen, sorgen für Harmonie in unseren Gedanken und Gefühlen und lassen uns dann auch entsprechend handeln.

Doch die Menschheit ließ zu, dass diese Sphäre immer schwächer wurde. Damit verlor sie selbst an Macht und begann, disharmonisch zu handeln. Sie versank in den bald darauf entstehenden dissonanten Feldern, die allerorts für Zwietracht sorgten.

Wenn es uns gelingt, diese Barmherzigkeitssphäre in unserem Sonnengeflecht zu erneuern, können wir wieder ins Licht, zu unserer wahren Macht, finden und von dort aus Harmonie in unserem Leben verströmen lassen.

Fünfte Sphäre der Barmherzigkeit: Lebensfreude (Hara)

Die fünfte Barmherzigkeitssphäre sitzt im Hara, jenem bioenergetischen Zentrum drei Fingerbreit unterhalb des Bauchnabels. Diese Sphäre strahlt Zufriedenheit aus. Sie ist die Essenz selbst, die uns in Freuden leben lässt und bewirkt, dass wir den Lauf des Daseins mit einer positiven Einstellung akzeptieren. Damit überstehen wir auch unangenehme Erfahrungen und können ihnen sogar noch etwas Gutes abgewinnen.

Die Lebensfreude ist ein Balsam, der alle Wunden der Seele heilt. Sie ist die durch Glückseligkeit heilende Barmherzigkeit Gottes. Seit die Menschen diese Sphäre vernachlässigt haben, erfahren sie sich als mühselig und beladen. Bei jedem Schritt ärgern sie sich, sie fühlen sich frustriert, verlassen und verzweifelt. Das darf nicht länger unser Lebensgefühl sein!

Wir müssen uns endlich der Sphäre der Barmherzigkeit bewusst werden, welche die Große Sonne uns zuteilwerden lässt. Damit gewinnen wir auch jene gewaltig leuchtenden Entladungen zurück, in denen unser Leben von lauter Freude sprüht und funkelt. Dann endlich können wir unser Leben aus einem genießerischen und zugleich transzendenten Blickwinkel betrachten.

Wie man sich die Sphären der Gnade und der Barmherzigkeit zu eigen macht

Beginne damit, dass du an einem ruhigen Ort, an dem du mit Sicherheit nicht gestört wirst, einen Altar errichtest, an dem die vier Elemente gegenwärtig sind: Feuer (eine Kerze), Wasser (in einem Glas), Luft (Räucherstäbchen) und Erde (dein persönlicher Meditations-Kristall).

Nun entspanne deine Arme und Beine, den Nacken, die Gesichtsmuskeln, deinen ganzen Körper. Gleichzeitig beginnst du mit der bewussten Sonnenatmung durch den Mund, wie es dich der Aufgestiegene Meister Kinich Ahau gelehrt hat.

Atme sacht durch den Mund, in tiefen und gleichzeitig sanften Zügen. Bleibe bei dieser Atemtechnik, bis du die Sphären der Barmherzigkeit und Gnade wieder aktiviert hast.

Stelle dir die Große Sonne vor: Sie ist die höchste Sphäre glühenden Lichts, ein geschlossenes Feld von wunderbarer spiritueller Kraft. Dein Herz erfüllt die Gewissheit einer liebevollen, innigen Gemeinschaft mit der Großen Sonne. Da ist dein Sonnenvater, der dich liebt, der große göttliche Geist der Sonne, und du fühlst seine Gegenwart. Was wir lieben, kommt leicht in Einklang mit unserem eigenen Selbst. Atme tief durch den Mund und werde deiner Liebe für die Sonne gewahr. Jetzt siehst du vor deinem geistigen Auge die Lichtsphären, die von dieser Großen Sonne ausgehen. Sie sind aufgeladen mit den machtvollen Photonen der Ursprungsenergie, die Gott mit seiner unendlichen Liebe, Gnade und Barmherzigkeit getränkt hat.

Aufnahme der Gnadensphären

Rolle dich ein wenig zusammen, als wärst du ein Ungeborenes im Mutterleib, und achte darauf, wie es sich anfühlt, wenn die erste Gnadensphäre sich in deinem Scheitel einnistet. Schon kommst du mit deinem Selbst in Kontakt, und die authentische spirituelle Verbindung ist wiederhergestellt. Alles in dir ist göttliche Intelligenz, du begreifst subtilste Welten und dringst zur transzendenten Weisheit vor.

Lass es geschehen, dass die Eigenschaften dieser Sphäre sich wie von selbst in dir entfalten. Dir wird lediglich zurückgegeben, was dir der Vater von Anfang an zugedacht hatte. Dein Selbst erinnert sich ja seit jeher an diese Sphäre. Atme und fühle, wie die Erinnerung an ein Dasein als schöpferische Gottheit, die mit allem Erschaffenen in Verbindung steht, in dir wiedergeboren wird. Verweile ein wenig bei dieser Empfindung.

Jetzt nimmst du die Ankunft der zweite Gnadensphäre wahr: Sie besteht aus purem goldenen Licht, das auf Nackenhöhe in dich eindringt. Es wird ganz hell um dich her, und auf einmal siehst du die Höheren Wesen: Da sind deine spirituellen Führer, die Lichtmeister, und da ist deine eigene göttliche Gegenwart, dein Höheres Selbst. Die göttliche Gnade verleiht dir ein Gefühl der Vollständigkeit. Du bist umgeben von Wesen, die dir mit all ihrer Liebe und Weisheit beistehen. Atme in tiefen Zügen und halte die Emanation dieser Gnadensphäre aufrecht, so dass sie möglichst viel Gutes in dir bewirken kann.

Nun steigt eine weitere leuchtende Sphäre zu dir herab, voll der Gnade des Großen Sonnengeistes, und lässt sich in deinem Ankerpunkt nieder. Die gewaltige Helligkeit, die sich plötzlich in dir ausbreitet, macht dir die Gnade des göttlichen Beistandes bewusst. Nichts und niemand kann dir ein Leid antun, denn das Licht der Großen Sonnenscheibe selbst beschützt dich, jetzt und immerdar. Du gewinnst das erhabene Gefühl zurück, unter ihrem besonderen Schutz zu stehen. Atme und verharre eine Weile bei dieser Empfindung.

Die Große Sonne sendet dir nun eine weitere Gnadensphäre, die sich in deiner Wirbelsäule zwischen den Nieren einrichtet. Wenn sie auf deine Biostruktur trifft, erzeugt sie dort konzentrische Lichtwellen. Sie vermittelt dir das Gefühl der Stärke, und du weißt: Du kannst dein Leben in Würde tragen. Du bist ein Kind der Sonne. Du bist ein siegreiches Wesen des Lichts. Atme und fühle tief in dir das Geschenk dieser Gnadensphäre. Fühle es, und lass dir dabei Zeit.

Jetzt erscheint eine fünfte Gnadensphäre von überwältigender Schönheit. Vom Kreuzbein aus setzt ihre strahlende Wirkung ein und verleiht dir Entscheidungsfähigkeit. Als souveränes, lichterfülltes Wesen hast du ab jetzt die Macht, jederzeit das Gute zu wählen. Deine Gedanken und Handlungen werden konstruktiv; du wählst Lebenswege, die durch Harmonie und Glück führen. Das elementare Licht der Gnadensphäre reichert dich mit seinen Photonen an, und dieser Impuls macht dich zu einem kraftvollen Wesen, das sein Leben selbst bestimmt.

Aufnahme der Barmherzigkeitssphären

Dem mächtigen spirituellen Licht der Sonne entspringen nun die Sphären der göttlichen Barmherzigkeit.

Die erste Sphäre der Barmherzigkeit tritt zwischen den Brauen ein und sorgt dort augenblicklich für eine intensive Helligkeit, die deine Kreativität anregt. Dein Geist klärt und konzentriert sich. Der Kontakt mit dem solaren Weisheitslicht schärft deinen Verstand. Atme und fühle, wie das Licht deine Gedanken verwandelt: Es erhöht ihre geistige Frequenz und macht sie positiv und schöpferisch. Halte die leuchtende Strahlung zwischen den Augenbrauen eine Zeit lang fest, bis du gewiss sein kannst, dass die intensive geistige Klarheit des höheren Bewusstseins ein Teil von dir geworden ist. Du spürst, wie eine schöpferische Kraft in dir erblüht.

Nun steigt die zweite Sphäre der Barmherzigkeit von der Großen Sonne zu dir herab und setzt sich im Thymus gleich oberhalb deines Herzens fest. Das Thymus-Chakra ist besonders wichtig für jegliche Art von Regenerationsprozess. Denn dort ist das Gedächtnis des ewigen Lebens angesiedelt, wie es das göttliche Erzeugungsprinzip in jedem von uns bewahrt hat. Sobald diese Sphäre der Barmherzigkeit besagten Raum ganz ausfüllt, potenziert sich der Fluss deiner Lebensenergie ins Unendliche und erzeugt dabei einen Lichtfokus, der in wonnevollen Wellen der Erneuerung und Wiederbelebung alle Organe deines Leibes durchdringt. Atme sanft und bewusst durch den leicht geöffneten Mund und richte deine Aufmerksamkeit auf diese leuchtende Schwingung höchster Potenz, die sich in deinem Körper ausbreitet und dir deutlich macht, welche Merkmale der große Sonnenschöpfer dem Leben verliehen hat. Aufmerksam verfolgst du eine Weile, wie diese Sphäre ihre barmherzige Arbeit in dir verrichtet.

Von der Sonne gesandt rührt eine dritte Sphäre der Barmherzigkeit an das Herz-Chakra mitten in deiner Brust. Und während sie das heilige Gehege deiner physischen Erscheinung betritt, entfaltet sich dort die allumfassende, übermächtige, reine Liebe. Angefüllt mit der Kraft der Großen Sonne vergeistigt diese feurige Sphäre deine Fähigkeit zu lieben und beschleunigt die Aktivierung des Herz-Chakras. Nun steigt aus der Tiefe deines Wesens die Erinnerung an transzendente Erfahrungen erlesener und wahrhaftiger Liebe empor. Und von nun an wird deine Liebe in allen Beziehungen und zu allen Geschöpfen als heilkräftiger Balsam wirken. Bewahre dieses tiefe Gefühl eine Zeit lang in dir, bis du weißt: Hiermit hat sich dein perfektes Muster gebildet, von jetzt an und für alle Zeit.

Jetzt erreicht dich die vierte Sphäre der Barmherzigkeit mit ihrer Photonenladung aus ursprünglichem Licht und nistet sich über dem Solarplexus in deiner Biostruktur ein. Dort ruft sie ein köstliches Gefühl von Harmonie hervor. Du weißt auf einmal: Alles ist gut. Alles wird seine harmonische Ordnung bewahren. Du bist in Frieden mit dem Leben. Die leuchtenden Atome dieser Barmherzigkeitssphäre lockern wie eine heilsame Massage all deine Ängste, Konflikte und

Disharmonien und lassen sie verschwinden. Warte ein wenig und mache dir klar, welch erstrebenswerten Zustand du damit bereits erreicht hast, von jetzt an und für alle Zeit.

Siegreich tritt nun die fünfte Sphäre der Barmherzigkeit an dich heran und entfaltet mit der Lebensfreude im Hara ihre Gabe. Sie erweckt in dir das Gefühl, ein konstruktives Leben zu führen, voller Möglichkeiten, für die es sich zu leben lohnt. Auf ganz natürliche Weise wird aus dieser Gewissheit tief empfundene Freude. Nimm Kontakt zu den unzähligen Leuchtatomen auf, die in deinem Hara vibrieren und deinen Körper wieder auf die Glückseligkeit eines Daseins im Hier und Jetzt einstellen. Du bist vollkommen zufrieden mit deiner Existenz.

Atme in tiefen Zügen und mache dir bewusst, wie dich die Barmherzigkeit Gottes erfüllt, und wie er dich dabei in seinen Armen hält. Du empfindest große Freude und unendliches Wohlbehagen. Jetzt bist du im Vollbesitz der zehn Sphären, welche die Seinsweise deines Kristus-Wesens ausmachen. Dadurch, dass diese Sphären ganz vorzüglich in dir wirken, hast du die wahre Dimension deines Selbst zurückgewonnen. Sie haben dir alle Elemente überbracht, welche die Struktur deines Kristus-Leibes aufrechterhalten, deinen Lichtkörper, von dem aus du die göttlichen Qualitäten und Attribute zum Ausdruck bringen kannst, die dir als Kind der Sonne gemäß sind.

Atme in tiefen Zügen und danke der Großen Sonne, die als machtvoller Geist deine Schritte lenkt. Denn er lässt mit seiner leuchtenden Emanation das Gedächtnis an die Reinheit in dir fortbestehen, jene ursprüngliche Reinheit, die deinem wahren Wesen entspricht.

Voll jubelnder Lebensfreude sollst du diese Sphären fortan in dir tragen. Mit deiner neu gewonnenen Macht bitte darum, dass sie allen Geschöpfen der Erde zuteilwerden mögen, jetzt und in Zukunft, so wie es jedem Einzelnen kraft göttlichen Rechtes zusteht.

Die Eigenschaften des Sonnenwesens

Wenn wir den Anforderungen gerecht werden möchten, die das kommende Goldene Zeitalter an uns stellt, werden wir uns einige besondere Attribute und Eigenschaften zulegen müssen.

So wie wir uns die lähmenden Verhaltensmuster bewusst gemacht haben, um deren Überwindung wir uns bereits bemühen, brauchen wir auch eine Richtschnur für die Zukunft: eine vorbildhafte Zusammenstellung wesentlicher Eigenschaften, die unser Leben wertvoller und besser machen, sobald wir sie erst einmal angenommen haben. Der Prozess unserer Umgestaltung wird erheblich einfacher, wenn wir dabei das Ziel unserer Bemühungen klar vor Augen haben. Das hilft uns auch, Ideen zu ordnen und erweiterte Modelle zu erarbeiten, an denen wir unseren Daseinsentwurf festmachen können.

Wir wollen daher im Folgenden eine Reihe von Attributen und Eigenschaften anführen, die für ein Sonnenwesen oder Sonnenkind besonders wichtig sind: Merkmale einer Menschheit im Einklang mit dem Neuen Zeitalter des Lichts.

Weisheit: Wer weise ist, strebt nach Erkenntnis, um die Natur des Daseins verstehen und seinen eigenen Prozess der Verwandlung, Transzendenz und Selbstverwirklichung begreifen zu können. Und er weiß diese Erkenntnis dann auch auf sein Dasein anzuwenden.

Toleranz: Ein tolerantes Wesen respektiert fremde Sichtweisen. Vorstellungen, die von den eigenen Ansichten abweichen, begegnet es mit Gelassenheit. Es achtet andere religiöse Überzeugungen und kann die eigenen Glaubensinhalte ruhig, klug und nachvollziehbar darlegen.

Flexibilität: Ein flexibler Mensch passt sich den unterschiedlichsten Bedingungen problemlos an. Er akzeptiert verschiedene Seinsweisen und erkennt ihren jeweiligen Wert. Seine eigenen persönlichen Vorstellungen legt er zwar gerne dar, zwingt sie aber keinem auf. Allzeit gesprächsbereit und weltoffen kann er sich für Visionen begeistern. Er versteht, dass jede Gelegenheit, jeder Umstand und jede Beziehung einzigartig ist, und dass sich demjenigen, der charakterfest, liebevoll und flexibel darauf reagiert, eine unendlich variantenreiche Palette an Existenzmöglichkeiten auftut. Wenn wir flexibel sind, können wir all die vielen Gelegenheiten ergreifen, die uns das Leben bietet.

Offener Geist: Starre Einstellungen versagen angesichts der anspruchsvollen mentalen Prozesse, die gegenwärtig im Mittelpunkt unserer Aufmerksamkeit stehen. Sie sind unser Bezugspunkt, und sie lassen uns menschlich reifen. Der offene Geist lässt alle Möglichkeiten und Vorstellungen gelten und ist stets bereit, neue Ideen aufzugreifen. Er ist zu dynamischen geistigen Prozessen fähig, bei denen neue Vorgaben allezeit willkommen sind. Nur so erfährt der Mensch den faszinierenden Reichtum des existierenden Universums und lebt in einem ständigen Anpassungsprozess, der ihn gefahrlos zu den höchsten Höhen der Einsicht führt.

Verständnis: Im Verständnis liegt die Bereitschaft, anderen zuzuhören und anzuerkennen, dass jeder einen Aspekt der Wahrheit in sich trägt. Verständnis verwandelt sich in eine höhere Art von Liebe, welche die Beiträge anderer mit Wohlgefallen aufnimmt; zugleich versüßt es unser Dasein mit jenem Duft, den ein verständnisvolles Wesen verströmt.

Herzensgüte: Mit weitem Herzen offen für neue Erfahrungen zu sein und dabei das eigene Selbst immer als Bestandteil des jeweiligen Erlebnisses zu begreifen, das sind Eigenschaften, die für ein Wesen des Neuen Zeitalters unverzichtbar sind. Sie werden über die Liebe erfahrbar, nämlich indem man sein ganzes Herz in die Aufgabe legt, die einen gerade beschäftigt. Herzensgüte liegt aber vor allem auch darin, dass wir guter Dinge sind, voll Zuneigung für unser gegenwärtiges Tun. Sie lässt uns aus einer erhabenen Gegenwart heraus handeln, die allem, was wir erleben, zu höherer Qualität verhilft.

Integrationsfähigkeit: Das integrative Wesen ist in der Lage, sich auf alle Vorstellungen oder Aspekte des Lebens zu beziehen und ein geschlossenes Konzept zu entwickeln. Es ist fähig, höhere Voraussetzungen zu schaffen, die alle vorherigen Annahmen einschließen, so dass sich alle, die daran mitgearbeitet haben, reflektiert fühlen. Die alten Muster der Vereinzelung sind für ein solches Wesen vollkommen überholt. Integrationsfähig sein heißt keineswegs, dass man seine Aufmerksamkeit auf alles Mögliche zugleich und damit auf nichts wirklich richtet. Es bedeutet vielmehr, alle Vorstellungen von der Peripherie ins Zentrum des eigenen Selbst zu rücken. Das integrative Wesen ist mächtig, liebevoll und intelligent. Es weiß in seinem Selbst die große ideologische, konzeptionelle, humanistische und transzendentale Synthese herzustellen.

Spiritualität: Die erhabene spirituelle Sphäre muss jetzt ein natürlicher Bestandteil des menschlichen Daseins sein. Das Leben wird als der kraftvolle Prozess erfahren, mit dem sich der Geist in der Materie verankert, während alle Erscheinung zu ihrer ursprünglichen Wesenheit zurückkehrt, zum Großen Geist. Spiritualität ist ein persönliches Erlebnis, welches das Individuum transzendiert und es zum Bewusstsein führt, am Großen Allumfassenden Geist teilzuhaben.

Fülle: Das Sonnenwesen des Neuen Zeitalters hat eine klare Vorstellung davon, dass das umgebende Universum voll unendlicher Möglichkeiten ist, üppig und prall gefüllt von Natur aus. Mit dieser Einstellung zieht es all diese Möglichkeiten, all die materiellen und existenziellen Güter, die es für ein angenehmes Leben braucht, magnetisch an. Solch ein Leben in der Fülle offenbart klar und deutlich den überlegenen Geist des Sonnenkindes.

Diese Fülle hat nichts mit jener Prahlerei zu tun, die der Anhäufung von Reichtum entspringt. Vielmehr zeigt sich diese besondere Eigenart des Neuen Zeitalters im Überfluss unserer Möglichkeiten und darin, dass wir von der Schönheit unserer Umwelt erfüllt sind. Sie liegt in dem Gefühl, sich in der Freiheit des Seins seine Wünsche erfüllen zu können.

Vitalität: Der erhabenste Lebensprozess ist die ständige Regeneration aller Zellen, die unsere menschliche

Biostruktur ausmachen. Wenn unser ganzes Sein mit der Kraft des Großen Sonnengeistes dahinfließt, ist unser Leib unablässig von dessen vitalisierenden Emanationen umspült. So bleibt er gesund, stark und voller Lebensmut. Die Programme von Krankheit und Tod sind gelöscht, während wir über die positiven, kreativen und liebevollen neuen Programme wohltuende Botschaften empfangen, die unser Körper in Gesundheit und Leben überträgt. Und Programme, die Leben und Erneuerung erlauben, sind dann die einzig gültigen Prozesse, welche die menschliche Seele durchläuft.

Freude: Sich unbändig freuen zu können ist ein wesentliches Merkmal des neuen Wesens: Jede Situation hat etwas zu bieten, woran man sich erfreuen kann. In jedem Ereignis stecken ein paar Freudefunken. Alles wird unter dem positivsten Blickwinkel betrachtet. Diese Freude am Leben ist keine beliebige Dreingabe, sondern sozusagen die Schaltzentrale für den göttlichen Strom, der durch unser Dasein fließt. Zufriedenheit ist eine Grundbedingung für jedwedes Programm spiritueller Befreiung. Nur so kann man das Leben annehmen und genießen.

Innere Stärke: Dem Sonnenwesen ist eine innere Stärke eigen, eine Fähigkeit, die es im Sinne seiner Überzeugungen und seines Glaubens handeln lässt. Diese innere Stärke entspringt der absoluten Gewissheit, eine lebendige Gegenwart des Schöpfergottes, eine verkörperte Gottheit zu sein. Diese Gewissheit verleiht uns göttliche Souveränität, und wir bewegen uns mit einer Sicherheit, die Berge versetzen kann.

Kommunikation: Das Sonnenwesen ist fähig, aufrichtig über sich selbst zu reden und sich Personen gegenüber, die ihm wichtig sind, unmissverständlich auszudrücken. Es teilt seine eigenen Gefühle mit der Geschicklichkeit dessen mit, der sich selbst durchschaut und das auch zugibt. Offen für den Dialog lässt es durch konstruktive Rückmeldungen in jeden Austausch die Gegenwart des göttlichen Lichts einfließen.

Besonnenheit: Jemand, der zuerst nachdenkt, verfügt über eine kostbare Eigenschaft, denn er handelt mit hellwachem Bewusstsein – intelligent, umsichtig und angemessen. Das Sonnenwesen sorgt zunächst für Harmonie mit seinem eigentlichen Selbst, bevor es sich äußert oder etwas tut. Etwas gänzlich zu durchdenken muss am Anfang stehen, hat stets Vorrang und darf nicht erst dann stattfinden, wenn man einen Fehler gemacht hat. Besonnenheit im Vorfeld der Ereignisse ist die Handlungsweise von Königen, von Gebietern, von Sonnenkindern.

Innenschau: Der Prozess der Innenschau bringt uns in Kontakt mit der intimen Natur unseres Selbst. Introspektion lässt uns analysieren, was in uns verborgen ist, um uns selbst zu verstehen. Wir erkennen unsere eigenen Bedürfnisse und wirklichen Wünsche, wodurch wir mehr über uns selbst erfahren. Dies ist ein wesentlicher Prozess auf dem Weg unserer Selbstverwirklichung.

Wenn wir nicht kopflos und gegen unsere wahren Bedürfnisse handeln wollen, sondern möchten, dass unser ureigenes Wesen in unserem Leben den Ton angibt, sollten wir uns jeden Tag eine gewisse Zeit gönnen, um Kontakt mit unserem innersten Selbst aufzunehmen. Wir sollten es fragen, was es fühlt und wünscht, welche Ziele es gerade verfolgt und auf welchem Wege es sie zu erreichen gedenkt.

Verantwortung: Das Sonnenselbst ist sich völlig im Klaren über seinen Anteil an dem, was es gerade erlebt. Es fühlt sich mitverantwortlich für die Vorgänge in seinem Leben, denn es weiß, dass nichts von alleine geschieht.

Verantwortung für das eigene Leben zu übernehmen hat nichts mit Aufopferung zu tun. Vielmehr bedeutet es, zu wissen, dass man über sein eigenes Dasein gebietet und »die Zügel fest in der Hand hält«. Unser Leben wird sich nicht von alleine ändern, wir müssen uns schon selbst darum kümmern. Verantwortung übernehmen heißt, zu wissen, dass schon eine veränderte Einstellung etwas bewirken kann.

Optimismus: Mit Optimismus sehen wir die Dinge positiv und konstruktiv und werden immer einen Lösungsweg finden. Dabei handelt es sich um eine selbst gewählte Einstellung dem Leben gegenüber. Wenn wir es uns in unserer optimistischen Ecke gemütlich machen, wird alles leichter, das Leben wird schöner und unser Gemütszustand erlaubt eine bessere neuronale Durchlüftung, die unsere Intelligenz erhöht und uns entschlossener, konstruktiver und geistreicher macht.

Gestaltungskraft: Das Sonnenkind erschafft seine eigene Welt: Es erwartet nicht, dass sich die anderen anstrengen und die Veränderungen an seiner statt verwirklichen: Es ist selbst das handelnde Subjekt seiner Existenz. Ein Mensch mit Gestaltungskraft weiß, was er will, und wie ein Ziel erreicht werden kann. Und dann macht er sich sogleich daran und handelt danach.

Ein solcher »Macher« in seinem tief verwurzelten Tatendrang treibt Veränderungen voran. Er ist eine Speerspitze des Neuen Zeitalters, das mit seiner Hilfe deutlicher in Erscheinung treten kann. Der Macher weiß, was zu tun ist, und er tut es: Er ist ein Erfolgsmensch.

Unabhängigkeit: Das Wesen des Neuen Zeitalters richtet sich nicht länger nach den alten gesellschaftlichen Mustern, die es brav wie ein Lämmlein mit der Herde trotten ließen. Es macht sich unabhängig von all jenen Prozessen, die sein Bewusstsein auf ein Mittelmaß herabziehen und einschränken wollten. Zu lange waren die unendlichen Möglichkeiten seines Selbst beschnitten. Das unabhängige Wesen erkennt, dass es die Freiheit hat, ganz es selbst zu sein. Dieses Abschütteln der alten Abhängigkeiten lässt die von ihnen hervorgerufenen Spannungen verschwinden und führt zur Befreiung des eigentlichen Selbst. Die Sufis sagen in diesem Zusammenhang: »Werde ein Narr Gottes, ein Narr aus Liebe.«

Energie: Die Lebens-, Gefühls- und Geistesenergie eines Wesens, das dem Neuen Zeitalter angehört, muss von extremer Leuchtkraft sein, damit es bioenergetisch in höchster Frequenz vibrieren kann. Der ganze menschliche Lebensentwurf wird gerade diesem hohen Frequenzniveau angepasst. Energetisch zu leben heißt, einen Zustand elektronischer Anregung aufrechtzuerhalten, der die gesamte Existenz dynamisiert.

Tapferkeit: Diese Eigenschaft verleiht uns den nötigen Mut, unserer Kraft die gewünschte Richtung zu geben und unsere Ziele entschlossen zu verfolgen. Wir handeln mit Stärke und Entschiedenheit. Wagemutig reißen wir Hindernisse nieder, die unseren Lebensweg blockieren. Verwegenheit und Risikobereitschaft erlauben uns, unseren Überzeugungen gemäß und von ganzem Herzen frei zu handeln.

Umfassende Liebe: Wenn wir unsere Liebe auf alle Menschen, Tiere und Pflanzen, auf das ganze Universum übertragen, verschmelzen wir zu einem einzigen Gesamtwesen. Die alte exklusive Liebe, die auf eine einzige Person, ein einziges Tier oder Objekt gerichtet war und alles andere ausschloss, hat uns voneinander entfremdet und ging oft schäbig und niederträchtig vor. Die umfassende Liebe hingegen ist großzügig. Sie kommt allen gleichermaßen zugute und gewährt uns eine Erfahrung der Fülle und Erweiterung unseres eigenen Selbst. Sie ist die Liebesform des Neuen Zeitalters und macht uns zu einem Teil des Großen Ganzen.

Sanftmut: Die Sanftmut ist ein Merkmal des Kristus in uns. Nur wer wirklich souverän in sich selber ruht, verfügt über diese noble Eigenschaft. Er verteidigt sich nicht. Er bleibt völlig gelassen, wenn man ihn kritisiert, selbst wenn ihm eine Ungerechtigkeit widerfährt. Denn er weiß, dass nichts Menschliches das Göttliche beeinträchtigen kann. Sobald wir diese Einsicht in unserer ewigen Gottnatur verankert haben, nehmen wir eine unveränderliche, auf ewig reine Sanftmut an. Und wo sich die Sanftmut einstellt, ist kein Platz mehr für Gewalt, Zorn oder Zwietracht. Sie ist die Wurzel der Gewaltlosigkeit, des liebevollen Umgangs miteinander, aller Intelligenz und allen Verstehens.

Diskretion: Wenn wir schweigen können, sind wir zugleich auch fähig, Weisheit, Erkenntnis und alle anderen Qualitäten des Sonnenwesens in uns selbst aufrechtzuerhalten. Wir sind in der Lage, diese Qualitäten anderen so wohldosiert nahezubringen, dass es niemanden überfordert. Diskretion ist handelnde Weisheit. Sie stärkt unsere innere Macht und lässt uns Kräfteverluste vermeiden, indem sie dafür sorgt, dass unsere Aufmerksamkeit auf das Zentrum unserer spirituellen Macht gerichtet bleibt, statt sich nach außen zu verzetteln. Es gibt Situationen, da macht Diskretion den Mann zum Kavalier und die Frau zur Göttin. Diskretion ist die Kunst, zum rechten Zeitpunkt zu reden und zu wissen, was unter bestimmten Umständen gesagt werden kann. Sie ist »das Maß der Handlung«.

Freundschaft: Das Sonnenkind begegnet anderen mit offenen Armen und nimmt sie an als Teil seiner selbst. Dies ist das »In Laa K'ech«, das Grußwort der Maya: »Du bist mein anderes Ich.« Mit der Freundschaft als Ausgangspunkt einer jeden Beziehung sind wir unfähig, dem anderen zu schaden, denn damit würden wir uns nur selbst ein Leid zufügen. Freundschaftlich, liebevoll und einfühlsam auf den anderen einzugehen schafft eine herzliche Atmosphäre, die auch für uns selbst wohltuend ist.

Sensibilität: Über unsere eigenen Gefühle Bescheid zu wissen, ist ein wunderbarer Charakterzug, der unsere Worte von Herzen kommen und uns selbst liebevoll handeln lässt. Zugleich erkennen wir, was mit uns geschieht und was um uns herum vorgeht. Das macht uns sicherer in unserem Auftreten, auch können wir anderen besser helfen. Im Neuen Zeitalter ist diese Sensibilität für Frauen wie für Männer selbstverständlich. Die Erschließung dieser Herzenseigenschaft bereichert unser Dasein und eröffnet uns ein breit gefächertes Repertoire an Empfindungen.

Intuition: Das Sonnenkind des Neuen Zeitalters hat ungehinderten Zugang zu den höheren geistigen Welten und ist daher äußerst intuitiv. Es kann Informationen von tiefster Weisheit verarbeiten, die den hochrangigen Schwingungsebenen vorbehalten ist. Der beschränkte Geist, der sich mit vorfabrizierten Gedanken zufriedengibt, bleibt stets auf der untersten Stufe seiner Möglichkeiten, während der erhabene Geist, der mit den oberen Bewusstseinssphären in Einklang ist, kreative Ideen, höhere Erkenntnisse und tiefste Weisheit aufnehmen kann.

Selbstbehauptung: Selbstbehauptung ist die Kompetenz, klar und deutlich auszusprechen, was man fühlt. Man sagt direkt und ohne Umschweife, wie es gerade um einen steht. Wir haben ein Recht auf unsere Gefühle, und im Neuen Zeitalter gilt dieses Recht ohne Einschränkung für alle und jeden.

Problemlösungsfähigkeit: Das Sonnenselbst bewältigt mit seiner scharfen Intelligenz, seinem weiten Herzen und seiner enormen inneren Stärke jede schwierige Angelegenheit oder Situation, mit der es konfrontiert wird. Wenn ihm etwas zustößt, das seiner wahren Natur zuwiderläuft, findet es Lösungsmöglichkeiten und setzt diese effektiv um.

Großzügigkeit: Weil es seines eigenen Reichtums gewiss ist und erkannt hat, dass das Universum ohne Unterlass Energie erzeugt, weiß das Sonnenwesen auch, dass einem desto mehr kosmische Energie zuteilwird, je mehr man selbst davon abgibt. Seine Großzügigkeit wirkt daher gleichsam wie eine Brücke im Energiekreislauf. Es hat Anteil am universellen Überfluss und versteht: Wer mehr gibt, erhält auch mehr. Je großzügiger du deinem Nächsten gegenüber bist, desto großzügiger ist Gott dir gegenüber.

Dankbarkeit: Dankbarkeit ist eines der höchsten seelischen Attribute. Nur wer die Größe des höchsten

Geistes erkennen kann, ist zu wahrhaftiger Dankbarkeit für die Gegenwart Gottes in seinem Leben fähig.

All die genannten Eigenschaften machen das Sonnenkind der Neuen Ära zu einem freien, spontanen und natürlichen Wesen, das mit allem, was ist, kommuniziert und sich im Dasein geborgen fühlt. Es weiß um die Verbindung mit seiner Gottnatur und um ihre Verankerung im physischen Leib: Beide Komponenten, die Materie ebenso wie der Geist, sind in ihm harmonisch miteinander verwoben. Gesundheit, Harmonie und Schönheit als Ergebnis neuer Programme sind die Konstante des Neuen Zeitalters, insofern wird es uns nicht weiter verwundern, wenn ein hohes Alter bald für alle Menschen lebendige Realität wird.

Besonnen, charismatisch und voll göttlicher Würde werden die leuchtenden Sonnenwesen mit ihrer Gegenwart unsere Erde segnen, ihre Schwingung erhöhen und Harmonie und Schönheit verwirklichen. Diese und andere Eigenschaften werden in unserem erweiterten Selbstbewusstsein heimisch sein und von dort aus das Bewusstsein der Einheit unterstützen.

Im Bewusstsein der Einheit werden wir uns alle mit dem Großen Ganzen verbunden fühlen. Jedes einzelne Teilchen ist in der Gesamtheit aufgehoben, jedes Ich schließt sich dem Ur-Einen an. Dies ist unser aller oberstes Ziel im Zeitalter der Herrlichkeit. Auf diese Weise wird uns Hunab Kú, der »Eine im Einen«, der Eine Gott der weisen Maya erfahrbar.

Die neue Menschheit

Mit dem neuen Wind, der seit einigen Jahrzehnten weht, ist eine neue Generation von Wesen zu uns gekommen, die bereits mit den prototypischen Eigenschaften von Sonnenkindern ausgestattet sind. Sie werden die Gebieter des Neuen Zeitalters sein. Dieser Nachwuchs beschleunigt den Wandel, der auf individueller wie kollektiver Ebene geboten ist.

Indigokinder

Seit den 80er Jahren kommen immer mehr Kinder mit außergewöhnlich hoher Intelligenz zur Welt. Sie sind fähig, ein System im Ganzen zu erfassen, verschiedene

Aspekte miteinander in Beziehung zu setzen und eine Synthese herzustellen. Ihre Intelligenz entzieht sich der zurzeit üblichen restriktiven Sozialisation. Sie sind von großer Weisheit und vor allem: Sie sind nicht zu bändigen. Viele Mütter, die ein Indigokind zur Welt gebracht haben, klagen darüber, dass es hyperaktiv sei. In Wahrheit weicht seine Hirnstruktur von derjenigen gewöhnlicher Menschen ab: Die rechte Hirnhälfte eines solchen Kindes ist stärker entwickelt als die linke, weshalb es intuitiver, selbstsicherer und zugleich lebhafter ist.

Diese Kinder sind mit den intellektuell einfacher gestrickten »Linkshemisphärikern« einfach nicht zu vergleichen. Sie sind vielmehr darauf eingestellt, eine überbewusste Welt wahrzunehmen, und richten ihre Handlungen ausschließlich an diesen Bewusstseinszuständen aus.

Daher gibt es keine Erziehungsprogramme, die solche Indigokinder angemessen unterstützen. Sie benötigen ein Umfeld, das sie respektiert, ihre besondere Eigenart zu schätzen weiß und mit ihrer unerhörten Spontaneität umgehen kann. Als heutige Eltern müssen wir unbedingt verstehen lernen, dass diese Kinder ein Geschenk des Himmels sind, leuchtende Wesenheiten, die gekommen sind, um die Bewusstseinsentwicklung der Menschheit mit ihrer Gegenwart zu beschleunigen. Wir müssen die veraltete Rolle autoritärer Eltern ablegen, die von vornherein wissen, wie ihr Kind zu sein und was es zu denken hat. Kinder des Neuen Zeitalters brauchen Eltern, die über Verständnis, Liebe und Einfühlungsvermögen Zugang zu ihrer Welt finden.

Indigokinder waren der Menschheit bereits in zweierlei Hinsicht behilflich: Zum einen verdanken wir ihnen das perfekte Bindeglied zwischen Denken und Handeln. Im Unterschied zur übrigen Gesellschaft, die das eine denkt und das andere tut beziehungsweise wirre Ansichten hat und zu unübersichtlichen Handlungen neigt, besteht bei ihnen ein enger Zusammenhang zwischen den Ideen, die sie aufgreifen, und den Dingen, die sie tun. Indem sie ihren Einsichten entsprechend handeln, sind Indigokinder spontaner und sich selbst gegenüber aufrichtig. Sie lassen eine Gesellschaft entstehen, welche die Authentizität, Autonomie und Freiheit eines jeden Wesens respektiert.

Zum anderen helfen Indigokinder uns auch dabei, unsere völlig auf das Ich ausgerichteten Normen zu einem ganzheitlichen Modell umzugestalten. Diese Kinder sind fähig, sich auf die Gefühle anderer Menschen einzulassen und sie als Teil des Ur-Einen im eigenen Selbst wahrzunehmen. Sie sind sich ihres Nächsten bewusst. Deshalb gibt es in ihrer Gegenwart weniger Egoismus, Vereinzelung und Machtkämpfe. Ganz im Gegenteil tragen sie dazu bei, dass eine verständnisvollere Kultur entstehen kann, in der Beziehungen von gegenseitiger Empathie geprägt sind und gemeinschaftliche Antworten gesucht werden: Eine Kultur, die darauf abzielt, diese Welt solidarischer und respektvoller zu machen.

Kristallkinder

So nennt man diese Wesen, die vor allem in Bezug auf Geräusche, Farben und Gerüche überaus sensibel sind. Auch auf chemische Produkte oder negative

Gefühle in ihrem Umfeld sprechen sie deutlich an, beispielsweise auf Gewalt zwischen Personen, Anfeindungen oder Neid. Besonders empfindlich reagieren sie auf Ungerechtigkeit.

Ihre große Empfindsamkeit lässt Kristallkinder in manchen Situationen des Alltags sehr verletzlich erscheinen. Aber wir sollten uns von dieser scheinbaren Zerbrechlichkeit nicht täuschen lassen: Wir haben es mit mächtigen Geistwesen von so hoher spiritueller Schwingung zu tun, dass ihnen unsere energetische Trägheit, die unharmonischen Bedingungen unseres Lebens völlig fremd sind. All das zerrt an ihrer Seele.

Allgemeine Eigenschaften der Kristallkinder

Ihre Augen sind groß, ihr Blick ist eindringlich, weise und tief, als könnten sie in unserer Seele lesen.

- Sie sind sehr einfühlsam, das heißt, sie stellen sich leicht auf die Gefühlslage anderer Personen ein, so sehr, dass sie sogar wissen, was ein Fremder empfindet. Wahrscheinlich erkennen sie auch die Stimmungslage einer Gesellschaft oder einer Nation.
- Mit der Natur verbindet sie eine innige Beziehung: Sie nehmen die Schwingungen oder Gefühle wahr, die von Pflanzen und Tieren ausgehen.
- Als Wesen, denen ein natürliches Mitgefühl für das Leben selbstverständlich ist, neigen sie zu einer vegetarischen Lebensweise, und sie fühlen sich einfach wohler, wenn sie sich von naturbelassenen Produkten ernähren können.
- Sie sind völlig unschuldig, makellos rein und gänzlich arglos angesichts von Bosheit und Heimtücke.

• Ihre Sprache ist konkret, tiefgründig und weise. Sie brauchen nicht viele Worte, um einen klugen und transzendenten Gedanken zu formulieren. Sie neigen ohnehin nicht sehr zum Reden, aber was sie sagen, ist weise. Sie können Gefühle in Mimik und Gestik ausdrücken, ohne dass es großer Worte bedürfte. Sie verbringen viel Zeit allein in ihrer reichen inneren Welt, auch als Selbstschutz angesichts einer aggressiven Umgebung, die ihnen immer fremd bleiben wird.

Kristallkinder helfen uns dabei, die tief reichende und zugleich erhabene spirituelle Empfindsamkeit, die wir alle in uns tragen, wirksam werden zu lassen. Und sie erinnern uns daran, dass wir unsere Intelligenz über unser tiefgreifendes sinnliches Auffassungsvermögen stimulieren können.

Sonnenkinder

Sonnenkinder werden erst seit kurzem geboren, etwa seit dem Jahr 2008, im Vorfeld der großen Zeitenwende. Es sind Wesen, deren spirituelles Bewusstsein vollständig entwickelt ist.

Diese Kleinkinder sind allwissend. In jedem Moment ist ihnen die Ganzheit des Daseins gegenwärtig, und daher leben sie mit wachem Bewusstsein. Sie haben bereits das höchste Bewusstsein der spirituellen Einheit für sich erreicht, und trotz ihrer Verkörperung in menschlicher Gestalt bleibt es ihnen auch erhalten. Diese neuen Wesen bedürfen nur weniger materieller Speise, da sie sich von der ursprünglichen Vibration des Universums ernähren können.

Sie haben ein waches Bewusstsein davon, wie man Nährstoffe über jene vitale Kraft aufnimmt, die im gesamten Dasein wirksam ist. Sonnenkinder sind ein Prototyp der am höchsten entwickelten Wesen, die je auf Erden weilten. Ihre Ankunft war nur dank der mächtigen Sonnenaktivierung möglich, die während der letzten Jahre stattfand, und auch dank all der Lichtarbeit verschiedenster spiritueller Gruppen. Sie erst haben es durch die Anregung von Lichtfeldern auf der Erde ermöglicht, dass dermaßen hochrangige Geistwesen in unsere Zeit hineingeboren werden können.

Die Rolle der Erwachsenen im Neuen Zeitalter

Wir als Erwachsene tragen eine große Verantwortung dafür, unsere energetische und spirituelle Biostruktur an die Erfordernisse des Neuen Zeitalters anzupassen. Noch nie zuvor waren so viele spirituelle Wesenheiten aus allen Zeitaltern, Religionen und Traditionen inkarniert. Wir sind die Generation des Übergangs. Wir verkörpern eine Menschheit, die den Lauf der Geschichte ändern kann: weg von schmerzhaften, gewaltsamen und negativen Prozessen und hin zu erhabenen Prozessen, die in persönliches Wachstum, spirituelle Entwicklung, planetarischen Frieden und Harmonie münden.

Es ist ein besonderes Geschenk, diese Zeiten der Verwandlung an Leib und Seele miterleben zu dürfen. Als Träger des Wandels liegt es an uns, die Stimme zu erheben und auszurufen: »Es werde Licht!« Wir sind die Erwachsenen, die sich ihrer eigenen spirituellen Fähigkeiten bewusst sind. Wir entlassen die neuen Generationen aus ihrem beschützenden Nest: Kinder mit wachem Bewusstsein, die bereits als erleuchtete, überbegabte, hypersensible und mit herausragender Intelligenz ausgestattete Wesen geboren werden.

Die solare Ernährungsweise

Unsere Ernährungsweise ist wesentlich für den Erhalt unserer biologischen Struktur, aber nicht alle Nahrung, die wir zu uns nehmen, ist von gleicher Qualität, was Nährstoffe und Schwingungen angeht.

Fleisch zu essen ist eine Ernährungsweise dritten Ranges: Tiere ernähren sich von anderen Tieren, die Pflanzen oder Teile bzw. Früchte und Samen von Pflanzen fressen, die wiederum die reichhaltigen Mineralien der Mutter Erde und als wichtigste Lebensmittelquelle die Energie der Sonne absorbiert haben. Personen in dieser Nahrungskette nehmen den primären energetischen Nährstoff in drittrangiger Form auf.

Wenn der Mensch Fleisch verzehrt, muss sich sein Organismus bei der Verdauung ziemlich anstrengen, wobei ein Großteil der energetischen Ressourcen verbraucht wird. Das führt dazu, dass jeder Verdauungsvorgang den Organismus über Gebühr strapaziert und dabei doch nur ein Minimum essenzieller Nährstoffe gewonnen wird. Zu dieser Nahrungsmittelkategorie gehören alle übermäßig verarbeiteten Speisen, die vielleicht auch noch mit chemischen Zusätzen versehen sind, die ihren natürlichen Wert weiter beeinträchtigen. Der Verzehr solcher verarbeiteter Speisen bedeutet einen hohen Abnutzungseffekt für den Organismus bei minimalem Wirkungsgrad hinsichtlich der Nährstoffqualität.

Eine solch drittrangige Ernährungsweise führt zu einer Unterversorgung mit Nährstoffen und zu permanenten gesundheitlichen Problemen. Menschen, die so leben, mangelt es an Energie, sie sind emotional beeinträchtigt, neigen zu nervösen Spannungen, Ängsten, Depressionen und schließlich zu den zwanghaft kreisenden Gedanken eines getrübten Geistes. Es ist bedauerlich, dass ein Großteil der Menschheit immer noch dieser Ernährungsweise verfallen ist, die Leib und Seele Schaden zufügt und die Verbindung mit dem höchsten Geist schwächt.

Die zweitbeste Art sich zu ernähren besteht im Verzehr von Gemüse, Getreide und anderen Körnern, die ihre essenziellen Nährstoffe direkt aus der Sonnenenergie und von Mutter Erde bezogen haben. Wir sollten diese Lebensmittel möglichst unverarbeitet oder nur leicht in Dampf gegart konsumieren, damit sie nicht an Wert verlieren. Nährstoffe und Enzyme bleiben unversehrt, und der Körper vergeudet keine Zeit mit der Verdauung. Diese geht mit dem geringsten energetischen Aufwand vonstatten und versorgt unseren Leib in physischer Hinsicht optimal. Bei dieser ausgeglichenen Ernährungsweise gewinnt der menschliche Organismus an Vitalität. Man fühlt sich wieder gesund und stark, und die Lebensfreude bleibt ebenso erhalten wie die Verbindung mit der Feinstofflichkeit des Geistes.

Ohne Zweifel wird in naher Zukunft die Anzahl vegetarisch lebender Wesen auf der ganzen Erde deutlich zunehmen, entspricht diese Ernährungsweise doch dem Bewusstseinsstand des Neuen Zeitalters.

Bei der besten aller Ernährungsweisen werden die Nährstoffe unmittelbar aus der leuchtenden Emanation der Sonne selbst bezogen. Seit alters her wissen spirituelle Meister, Yogis und Erleuchtete, dass es eine solche »Prana-Ernährung« gibt, der die subtile Energie des Universums zugrunde liegt. Wer einen höheren Bewusstseinszustand erreicht und spirituelle Ruhe gefunden hat, kann sich mit dieser erlesenen, allgegenwärtigen Lebensschwingung verbinden und sie für sich aufnehmen, genauso wie ein starker Magnet fähig ist, die Elemente der Außenwelt anzuziehen.

Die solare Ernährungsweise findet über die Aufnahme des göttlichen Odems durch den Mund statt, während man sich vorstellt, wie man diese Leuchtpartikel anzieht und sich einverleibt, um den kompletten Mechanismus unseres organischen Funktionsapparates und mit ihm alle Codes des Lebens zu reaktivieren.

Diese Art der Ernährung beansprucht ein Minimum an Energie, obwohl man dabei ein Maximum an Gewinn für Leib und Seele erhält. So wie die Pflanzen benötigen auch wir eine Absorptionsbrücke, um die Lebenskraft aufzunehmen, die unsere Mutter Erde ausstrahlt. Wenn wir barfuß gehen, nehmen wir die bioenergetischen Nährstoffe der Natur auf, und über die »Technik« der Meditation lässt sich eine innige Kommunion mit der Lichtkraft herstellen, die Mutter Erde entströmt und unserem Körper zu langem Leben verhilft.

Der Aufgestiegene Meister Kinich Ahau hat als Krafttier den Iguana (Grüner Leguan), bei den Maya »Tool«, in Yucatán auch »Toolok« genannt. Dieses bemerkenswerte Tier zeigt uns beispielhaft, wie man sich von reiner Sonnenenergie ernähren kann. Der Iguana verbringt lange Zeit damit, sich völlig regungslos zu sonnen, in statischem Frieden wie ein vollendeter Zenmeister. Dabei nimmt er mit allen Poren seiner Haut die Energie der Sonne auf. Seine Bewegungen sind von außergewöhnlicher Präzision, da er sich vorrangig vom leuchtenden Strom der Sonne ernährt. Seine materielle Nahrung ist ziemlich reduziert, nur manchmal fängt er eine zufällig vorbeikommende Mücke im Flug, indem er im rechten Moment seine lange Zunge hervorschnellen lässt.

Schon die Ahnen der Tradition lehrten uns, über die Eigenarten von Tieren zu meditieren, denn in ihnen steckt die ganze Weisheit der Natur, das Bewusstsein des Schöpfergottes. Wenn wir uns tief in eine Meditation über den Iguana versenken, erkennen wir die innere Haltung, die für eine solch feinstoffliche Ernährungsweise notwendig ist:

- Der Geist ist auf ein einziges Ziel gerichtet. Jegliche geistige Zerstreuung, alle Wünsche und Begierden werden ausgeschaltet. Ein fokussierter Geist erzeugt eine tiefe innere Kraft, die uns zum rechten Zeitpunkt mit aller Entschlossenheit handeln lässt.
- Innerer Friede. Zur Aufnahme der solaren Nährstoffe bedarf es vollkommener innerer Ausgeglichenheit. Nur in harmonischer Seelenruhe können wir die dichte Materie durchdringen und uns unverzüglich der erhabenen Lebenskraft bewusst werden, die in der Schöpfung wirkt und webt.
- Sparsame Bewegungen verraten uns viel über die Weisheit, effizient zu handeln, wenn der richtige Moment gekommen ist. So halten wir unsere Lebensenergie zusammen. Wir Menschen leben

sehr eng aufeinander, was uns oft kopflos, wirr und chaotisch handeln lässt. Dabei vergeuden wir nur unsere kostbare Lebensenergie und unterliegen einem physischen, emotionalen und mentalen Verschleiß.

Wenn wir wissen, was zu tun ist, und vorher bedenken, welche Mittel wir am besten dafür einsetzen, erzielen wir optimale Ergebnisse mit minimalem Aufwand und handeln dabei völlig bewusst.

In dem Maße, wie das Goldene Zeitalter fortschreitet, wird sich auch die solare Ernährungsweise immer weiter verbreiten. Wenn das Licht der Sonne uns zur Speise dient, wird die spirituelle Frequenz vollends erwachen, das göttliche Bewusstsein ungetrübt sein und unser Verhalten uns als Lichtwesen ausweisen. Wir müssen ganz allmählich üben, die Sonnenenergie zu absorbieren, um unsere Lebenskraft zu steigern, während wir zugleich physische Nahrung von besserer Qualität zu uns nehmen. Zu den empfohlenen Nahrungsmitteln zählen vor allem:

Sprossen: Keimlinge von Weizen, Linsen, Soja, Alfalfa, Brokkoli, Gerste u. a. sind Lebensmittel allererster Güte. Sie sind leicht verdaulich, weil sie essenzielle Aminosäuren enthalten und keine Proteine, die erst noch aufgeschlossen werden müssen. Daher erzeugen sie keinen organischen Verschleiß. Der Genuss von rohen Keimlingen gewährleistet die Aufnahme von allen erforderlichen Nährstoffen, die unser Organismus braucht.

Algen: Sie enthalten Nährsubstanzen des Meeres, von denen man einige an Land gar nicht findet und die trotzdem für die biochemischen Prozesse von Bedeutung sind. Spirulina zum Beispiel enthält 18 essenzielle Aminosäuren. Erinnern wir uns daran, dass alles Leben aus dem Meere stammt und es einiger mariner Nährstoffe bedarf, um unseren Körper zu stärken, mit Energie aufzuladen und seine Organfunktionen zu fördern. Die weisen östlichen Kulturen, und da besonders die Japaner, führen uns bereits die positiven Auswirkungen vor Augen, die der tägliche Verzehr von Algen auf eine Zivilisation haben kann.

"UNDERCOVER auf
der Pelzfarm" luaga @
youtube
Danach siehl vieles ande
aus mei lieber...

6
Das Zeichen der Neuen Zeit

Nah Kins Offenbarungen

In tiefer meditativer Versenkung hatte Nah Kin eine
Vision: Sie sah eine gewaltige Versammlung von Lichtwesen: Unzählige Spirituelle Meister fanden sich zu
einer offensichtlich höchst bedeutsamen und seit
Äonen erwarteten großen Zeremonie zusammen. Es
herrschte eine festliche, weihevolle Atmosphäre. Man
schien eines kommenden Ereignisses zu harren.

Dann trat feierliche Stille ein. Die große Versammlung Aufgestiegener Meister teilte sich und schuf in
ihrer Mitte einen freien Platz. Auf einmal taten sich
die Himmel auf, und aus der Mitte des Herzens Gottes, mitten aus der obersten schöpferischen Potenz
heraus erschien ein goldener Strahl und formte sich zu
einem Feuerzeichen von außergewöhnlicher Leuchtkraft und unendlicher Energie.

Das Meisterbewusstsein der spirituellen Führer-
schaft, die den Prozess der gegenwärtigen geistigen
Entwicklung aller Wesen steuert, übermittelte Nah
Kin, das ihr geoffenbarte Zeichen zu bewahren und es
niemandem zu zeigen, bis im Rahmen der göttlichen
Ordnung – die allein die Meister kennen – der rechte
Zeitpunkt für seine Präsentation gekommen sei.

Nur dem Seelenmaler Javier Torrás wurde für einige kurze Augenblicke gewährt, das Zeichen zu schau-

en, auf dass er es auf seine erhabene Weise nachbilde, ohne dabei jedoch vom ursprünglichen Verlauf der Linien abzuweichen.

Dann überraschte uns plötzlich das Großereignis des Jahres 2006, die Ankunft des goldenen Strahls der Verwandlung. Aufgeladen mit den Photonen ursprünglichen Lichts kam er direkt von der Großen Zentralsonne, aus dem Herzen von Hunab Kú, dem Schöpfergott. Dieser Strahl von unerhörter Schöpferkraft und allerhöchster spiritueller Frequenz berührte zum ersten Mal den Planeten Erde. Uns Menschen wurde damit eine mächtige Unterstützung zuteil. Der Übergang von den althergebrachten Normen eines lähmenden Zeitalters zu einer neuen Zeit-Raum-Spirale, die besser auf das Licht der spirituellen Harmonie abgestimmt ist, dürfte uns mit seiner Hilfe erheblich leichter fallen.

Nachdem sich der Strahl der Verwandlung im Aurafeld der Erde eingerichtet hatte, schufen seine mächtigen Vibrationen eine goldene Hülle aus reinstem und höchstem Bewusstsein, das der Menschheit zugänglich ist und ihr dazu dienen soll, sich an ihre eigene göttliche Natur zu erinnern.

Doch zwischen der allerhöchsten Schwingung dieses verwandelnden Lichtes und den Lebensumständen, die uns so überaus hinderlich sind, tat sich noch immer ein Abgrund auf. Hier bot sich nun das Zeichen des Neuen Zeitalters als wichtiges Verbindungselement an, denn es bündelt nicht nur das goldene Licht des Strahls der Verwandlung, sondern hat zugleich direkten Einfluss auf die menschliche Psyche. Auf diese Weise können Information, Schwingung, Weisheit und Kraft des Strahls der Verwandlung von der menschlichen Intelligenz wirkungsvoll genutzt werden.

Seit der Ankunft des Strahls der Verwandlung beweist sich das Zeichen des Neuen Zeitalters als göttliches Werkzeug. Es lässt uns die notwendigen Veränderungen leichter umsetzen. Mit seiner Hilfe können wir die Normen überwinden, die aus früheren Zeiten auf uns lasten und uns hemmen. Und es erfüllt alle Bedingungen, die uns das Neue Zeitalter in Bezug auf Schwingung und Seinsweise abverlangt.

→ *Farbige Abbildung Das goldene Zeichen, siehe Bildteil Seite 260*

Die Botschaft des Zeichens

Eine Direktverbindung mit dem Unterbewusstsein

Das Zeichen des Neuen Zeitalters dient als Ventil, durch das der reine Strahl der Verwandlung fließen kann. Und damit kann die Menschheit auf diese wunderbare Lichtenergie zugreifen. Das Zeichen transportiert eine mächtige unterschwellige Botschaft, die direkt ins Unterbewusstsein, ins Unbewusste und ins Überbewusstsein eindringt, ohne dabei notwendigerweise das Niveau des Bewusstseins (Beta-Hirnwellen) zu berühren. Selbst wenn man diesem Zeichen begegnet, ohne darüber Bescheid zu wissen, entlädt sich seine Weisheit unmittelbar in den tiefsten Bewusstseinssphären und entfaltet von dort aus seinen Informationsgehalt, der vollständig übernommen wird. Zu allen Zeiten hatten weise Menschen Kenntnis von solchen Vorgängen und nutzten Zeichen wie dieses als heilige, ewige und universelle Sprache.

Göttliche Attribute

Da das Zeichen geradewegs vom Schöpfer selbst kommt, hat es auch dieselben Eigenschaften wie das göttliche Bewusstsein: Es ist eine machtvolle Gegenwart, die Wellen der Verwandlung erzeugt. Bewusstsein, Raum und Zeit kommen miteinander in Harmonie, wann und wo auch immer man sich dieses Zeichen vorstellt oder es in irgendeiner Form sichtbar werden lässt.

Eine mächtige Intelligenz wohnt diesem Zeichen inne. Es teilt jedem Einzelnen genau das zu, was er braucht, um ein Optimum an Kreativität, Gesundheit und Harmonie zu erlangen. In dieser überlegenen Intelligenz spiegelt sich die oberste göttliche Intelligenz wider, die für jeden Umstand, jeden Zeitpunkt und jede Person das richtige Maß kennt.

Wenn wir mit dem Zeichen der Neuen Zeit arbeiten, tritt uns die Wirkungsweise seiner lebendigen Gegenwart unvermittelt entgegen: Schon beginnen sich seine Spiralen zu drehen, regen die elektromagnetischen Felder unsere menschliche Biostruktur an und erheben sie auf die elektronische Frequenz strahlenden Lichts. Wir fühlen uns wie von mächtigen Drehbewegungen umfangen, die unser Selbst mit ihrer Dynamik verwandeln.

Das Zeichen entspringt direkt der ursprünglichen schöpferischen Kraft von Hunab Kú, dem Schöpfergott. Seine Ausstrahlung erzeugt eine Vibration, die alles im Einklang mit der ursprünglichen Reinheit schwingen lässt. Seine unmissverständliche Botschaft sagt uns, welche Eigenschaften das Individuum haben muss, um mit dem neuen Raum-Zeit-Zyklus zu harmonieren, der Anfang 2013 beginnen wird. Sie führt uns die wesentlichen Attribute vor Augen, die in unseren Lebensmustern wiederhergestellt werden müssen, um den Erfordernissen des Neuen Zeitalters gerecht zu werden.

Flexible Linienführung

Auf der Abbildung des Zeichens ist deutlich zu sehen, dass alle seine Linien flexibel sind. Flexibilität ist ein grundlegendes Bewusstseinsmerkmal des neuen Wesens. Alle von starren und separatistischen Vorstellungen hervorgerufenen Konflikte, die nur Schmerz, Krieg und Tod gebracht haben, sind darin überwunden. Toleranz als Grundlage des Zusammenlebens ist für ein harmonisches Dasein unverzichtbar. Förderlich ist dabei eine edle Gesinnung, die alle als gleichwertig respektiert.

Flexibilität wird uns dann zuteil, wenn wir die besondere Natur unseres Wesens verstanden haben und uns selbst so annehmen, wie wir sind. Dann können wir auch in allen nur denkbaren Situationen flexibel auf andere zugehen.

Ausgleich der Polaritäten

Das Zeichen des Neuen Zeitalters besteht aus zwei wesentlichen Elementen. Zum einen aus einer dreifach gewundenen Spirale, die an einem Ende in einer geschlossenen Schleife ausläuft. Zum anderen aus dem geschwungenen Bogen eines Kreissegments. Die erste Linie der am Kopf geschlossenen Spirale steht für die dynamische, aktive, positive Polarität, die zeugende, bewegliche Kraft. Die zweite Linie des Kreissegments steht für die passive, empfangende, negative Polarität.

Der dynamische und gebende positive Pol bildet mit dem empfangenden und anziehenden negativen Pol ein vollkommenes Kreuz. Beide Kräfte befinden sich in harmonischem Gleichgewicht. Die Polarität dringt in die tiefsten Schichten unseres Bewusstseins vor. Genau da werden wir eine Balance verspüren, sowohl in der uns innewohnenden Dualität als auch in Form einer großen integrativen Kraft, um die Polarität auf der Erde zu überwinden.

Ausgleich zwischen Mann und Frau

Im neuen Goldenen Zeitalter, wenn auf allen Daseinsebenen die Harmonie des Lebens steigt, muss auch das Verhältnis zwischen der weiblichen und der männlichen Kraft vollkommen ausgeglichen sein, repräsentieren doch diese beiden Kräfte die Polarität des Universums.

Ein solches Gleichgewicht zwischen dem männlichen und dem weiblichen Pol wird eine Menschheit hervorbringen, die beide Aspekte in sich zulässt und beiden denselben Respekt zollt. Diese Menschheit wird aus ganzheitlichen, vollständigen Wesen bestehen, welche besser als wir zu Beziehungen fähig sind, die auf gegenseitiger Achtung und auf Harmonie zwischen den Geschlechtern beruhen.

Erreichen lässt sich dieser Ausgleich, wenn wir erkennen, dass sich Mann und Frau in ihrer Natur wesentlich voneinander unterscheiden. Dieselben Ausgangsbedingungen rufen bei ihnen ganz verschiedene Reaktionen hervor, da sie das Leben aus komplementären Blickwinkeln betrachten. Ihre Wahrnehmungs- und Empfindungsweise ergänzen sich. Daher muss nun endlich Schluss sein mit dem zermürbenden Kampf, der so viele Paare entzweit hat. Die neue Haltung respektiert die besondere Perspektive des Mannes, seine praktische Intelligenz, seine logischen Schlussfolgerungen und sein kraftvolles Vorgehen, während zugleich der einfühlsamen, unergründlichen und intuitiven Einstellung der Frau mit gleicher Achtung begegnet wird. Das Geheimnis liegt darin, beide Verhaltensweisen miteinander vereinbaren und zu einer Synthese verschmelzen zu können.

Freiheit des Seins

Wenn wir das Zeichen betrachten, können wir uns leicht ein menschliches Wesen mit weit ausgebreiteten Armen vorstellen. Diese Haltung zeugt von persönlicher Freiheit, ganz anders als die Pose der finsteren Vergangenheit: Da wurde ein mystisches Wesen mit vor der Brust gefalteten oder aneinandergelegten Händen abgebildet, in einer sklavischen Geste der Unterwerfung und Selbstverleugnung. Im Neuen Zeitalter dagegen wird jeder der Fülle seiner Seinsmöglichkeiten und Eigenschaften nachspüren und so das wahre Selbst erfahren können.

Dabei wird sich jeder Einzelne von seinem inneren Kristus und dessen erhabener Weisheit leiten lassen.

Man wird nicht mehr von anderen Leuten abhängig sein, die einem ihre Ideen aufdrängen und einen gleichzeitig damit versklaven wollen. Jeder von uns hat die Aufgabe, sich selbst zu erforschen und herauszufinden, wie er sein Wesen ganzheitlich zur Geltung bringen und so für andere Gutes bewirken kann, wozu es einiger Kreativität und Intelligenz bedarf.

Ein weites Herz

Der Eindruck, dass dieses Geschöpf mit den weit offenen Armen auch ein weites Herz hat, drängt sich geradezu auf. Ein Wesen, bereit, das Leben selbst zu lieben, und alles, was das Leben mit sich bringen mag: ein reines, unschuldiges Wesen, dessen Handlungen vom Edelmut seines weiten Herzens zeugen.

Die Haltung dieses neuen Wesens ist alles andere als abweisend und drückt das Gegenteil von Isolation und Angst vor dem Nächsten aus. Vielmehr ist diese breite Brust eine großherzige, dem Leben zugewandte Geste. Wir haben es mit einer mutigen Haltung zu tun, die dabei keineswegs arrogant ist. Dieses Wesen ist bereit, sich selbst in Liebe den Wechselfällen des Daseins zu stellen. Die Botschaft lautet: »Ich bin hier, um das Beste von mir zu geben, indem ich mein Herz darein lege.«

Diese offenen Arme zeigen uns auch etwas im Wesen Transzendentes, das im Glück des Daseins begründet liegt, in der überschwänglichen Freude angesichts der unendlichen Gnade, lebendig zu sein, jetzt und hier da zu sein. Jenes oberflächliche Glück, das sich einstellen mag, wenn man viele Dinge besitzt, ist damit nicht gemeint. Hier soll eine Einstellung zum Leben wiedererweckt werden, die uns freudig annehmen lässt, was immer es von Augenblick zu Augenblick vor uns ausbreitet.

Man sieht, dass dieses Wesen um seiner selbst willen glücklich ist, weil es mit einer unerschöpflichen Freudenquelle in Kontakt steht. Diese Quelle entspringt seinem eigenen Inneren, und deshalb kann nichts und niemand ihm das Glück entreißen. Das neue Wesen weiß, dass es Heil und Segen verströmt, dass es die mystische göttliche Glückseligkeit auf andere überträgt.

Spirituelle Würde

Wenn wir uns das Zeichen des Neuen Zeitalters als ein Wesen mit offenen Armen vorstellen, dann sehen wir auch, dass es das Kinn zum Zeichen seiner spirituellen Würde erhoben hat. Während der leidvollen Vergangenheit dagegen bestand die entsprechende visuelle Botschaft im Bild eines jammervollen Geschöpfes, dem der Unterkiefer in einer Geste von Unterwerfung, Mutlosigkeit und Verwirrung auf die Brust gefallen war. Die Haltung des Neuen Zeitalters jedoch wird eine Souveränität ausstrahlen, die im Verständnis unserer selbst als Kinder des Schöpfergottes, erschaffen nach seinem Bilde und nach seinen Attributen, begründet ist. Wir werden uns in die Majestät unserer spirituellen Gegenwart eingesetzt fühlen, jetzt und hier, in unserer menschlichen Verkörperung. Mit dieser höchsten Würde ausgestattet, können wir milde, freigiebig, großmütig sein. Unsere noble spirituelle Abkunft hebt uns als menschliche Wesen empor und versetzt uns wieder in die höhere Dimension von lebendigen Gottheiten.

Damit kehren wir zurück zu der Erfahrung, im Vollbesitz unseres eigenen Wesens zu sein. Das erhobene Kinn veranschaulicht eine innere Stärke, die auf Entschlossenheit, Selbstbehauptung und einer klaren Zielvorstellung beruht.

Die Einheit von Körper, Gefühl und Verstand

Der erste, unterste Bogen jener dreifach gewundenen Spirale spricht den Körper an, der zweite betrifft die Gefühlsebene und der dritte den Verstand. Wenn wir den Windungen folgen, erkennen wir zugleich, wie sich in uns selbst die physische Struktur und die emotionale Ebene und diese beiden ihrerseits harmonisch mit der intellektuellen Sphäre verbinden.

Wenn wir nun den drei Bögen der Spirale mit ihrer Botschaft vom Zusammenhang der drei Elemente folgen, schließen wir oben am Kopf, der den Geist repräsentiert, einen Kreis. Und so ist auch das Wesen des Neuen Zeitalters ein Individuum, das physisch, emotional und mental auf der Frequenz seines Höheren Selbst schwingt. Diese Ausgeglichenheit erzeugt eine gänzlich andere Lebenserfahrung als jene, die wir aus der Vergangenheit kennen. Damals herrschte Zersplitterung, es gab keinerlei Verbindung zwischen unserem spirituellen Wesen und den übrigen Aspekten unserer Identität. Unser Leben musste uns chaotisch oder vollends unbegreiflich erscheinen.

Doch wer sich selbst als ein Ganzes unter Einbeziehung der spirituellen Dimension empfindet, spürt, wie die transzendenten Merkmale eines wachen Bewusstseins und einer lebhaften und kreativen Intelligenz seinen Geist durchdringen, seine Gefühle har-

monisieren und dem physischen Körper neue Lebenskraft geben.

Anregung der Erneuerungsprogramme

Wenn wir das Zeichen des Neuen Zeitalters auf uns
selbst anwenden, damit wir von all seinen Eigenschaften durchdrungen werden und sich die gesamte Ausstrahlung seiner hohen Schwingungen auf uns überträgt, passieren wir dabei dreimal den Thymus. Der
mächtige Lebensimpuls der Zellerneuerung, der die
Regeneration der Organe und damit ihre optimale
Funktion erlaubt, ist dort eingeschrieben. Das Thymus-Chakra ist eines unserer stärksten Energiezen-
tren und muss daher in der Biostruktur des multidimensionalen Wesens der neuen Ära unbedingt wieder
zur Wirkung gebracht werden. Hier nämlich sitzt das
Gedächtnis des langen Lebens, die Fähigkeit unserer
Körperzellen, sich zu erneuern und neue Funktionsan-
weisungen entgegenzunehmen.

Wenn wir also dreimal über diese Zone fahren, wird
die dreifaltige Energie des Zeichens wirksam, die Macht
der Drei, die schöpferische und mehrende Potenz des
Universums. Damit regen wir die Lebenskraft an und
verstärken sie in einer Weise, die sich als spürbare Veränderung unserer Lebensqualität bemerkbar machen
wird.

In der neuen Ära sind die Programme des Lebens
entscheidend, denn allein das Leben harmoniert mit
dem Licht: Es ist seine eigentliche spirituelle Frequenz.
Für Krankheit, Verfall und Tod ist kein Platz mehr.
Das Zeichen des Neuen Zeitalters dringt tief auf der
Höhe des Thymus in unseren Körper ein und gibt ihm

seine angeborene Fähigkeit zur Selbsterneuerung zurück.

Das ägyptische Zeichen der Unsterblichkeit

Das Zeichen des Neuen Zeitalters ähnelt ein wenig dem altägyptischen Zeichen für Unsterblichkeit. Dieses Zeichen heißt Anch, und häufig findet man es auf Gemälden vor dem Mund eines Pharao abgebildet. Heute wissen wir, dass wir die lebenspendende Macht des göttlichen Odems durch den Mund aufnehmen müssen, um auf diese Weise transzendente Eigenschaften zu erlangen. Aber trotz einer gewissen Ähnlichkeit weisen die beiden Zeichen auch Unterschiede auf. Das Entscheidende ist dabei, dass alle Züge des neuen Zeichens flexibel sind. Toleranz, Gemeinschaftssinn und Flexibilität gehören zu den wesentlichen Eigenschaften des Neuen Zeitalters. Dies ist ein Bruch mit den alten, starren Normen, die früher als Vorbild galten.

Die Vorstellung vom spirituellen Werdegang in der neuen Zeit hingegen basiert auf dem Respekt vor jedem Einzelnen und seiner Zugehörigkeit zum Ganzen. Jedes Individuum ist ein Kristus, ein lebendiger Gott, die höchste Vergegenwärtigung der Sehnsucht eines Gottes, der Fleisch geworden ist.

In der neuen Ära werden die Religionen mit ihren starren Dogmen, welche die Authentizität des Selbst stets missachtet haben, den Weg frei machen für ein spirituelles Konzept, das dafür mehr Respekt aufbringt. Lebendiger als jetzt wird ein jeder von uns in seinem Inneren sowohl eine unverfälschte Verbindung mit seinem eigenen Gottselbst als auch mit dem Großen Geist erfahren.

Der Augenblick der Empfängnis

Das Zeichen des Neuen Zeitalters erinnert auch ein wenig an eine männliche Samenzelle, die gerade dabei ist, in die weibliche Eizelle einzudringen: eine Art Momentaufnahme vom glorreichen Augenblick der Empfängnis.

Denn genau in diesem Augenblick entfaltet sich eine energetische Macht, deren Frequenz sich aufgrund ihrer gewaltigen Strahlkraft mit den Protuberanzen der Sonne vergleichen lässt. Wir wissen, dass sich zum Zeitpunkt der Zeugung die Lebenskraft außerordentlich verdichtet. Das enorme Strahlenfeld, das sich dabei aufbaut, löst einen unvergleichlichen Lebensimpuls aus. Wir alle haben diesen Moment der Empfängnis durchlebt und die Erinnerung daran in den tiefsten Tiefen unseres Überbewusstseins abgespeichert. Nie durften wir mehr Vitalität, Energie und Schöpferkraft erleben. Doch wenn wir Kontakt mit dem Zeichen aufnehmen, wird die verschüttete Erinnerung an diesen kraftvollen Augenblick der Empfängnis wieder wach und führt uns direkt zu jener Lebensquelle, die unser aller Ursprung ist. Deshalb kann dieses Zeichen das Leben in uns auferstehen lassen und die Muster von Erneuerung und Langlebigkeit wieder zur Wirkung bringen. Paradigmen, die auf den Tod als letztes Ziel der Existenz ausgerichtet sind, gehören ausgelöscht, denn diese Prototypen entstanden in den Zeiten von Angst und Selbstverleugnung und waren das Ergebnis der Ausschaltung aller lebenserneuernden Mechanismen.

Das neue Programm aber heißt ewiges Leben. Die eindeutige Richtung der Existenz zielt darauf ab, den menschlichen Organismus und alle damit zusammenhängenden Energiefelder in optimalem Gesundheitszustand zu erhalten. Das Zeichen des Neuen Zeitalters verwandelt sich in einen mächtigen Aktivator dieses Programms, das ganz dem Leben zugewandt ist. Seine Kraft tritt vor allem dann in Erscheinung, wenn es jene Zeugungsmacht entfaltet, die auch im Augenblick der Empfängnis wirksam war.

Wir fassen zusammen: Das Zeichen des Neuen Zeitalters verdichtet die photonische Energie, die aus dem Strahl der Verwandlung kommt. Dieser schickt seine mächtige Botschaft in die tiefsten Ebenen unseres Bewusstseins, um uns Menschen die Eigenschaften und Fähigkeiten zurückzuerstatten, die zu unserem Wesen gehören und uns mit der Frequenz des Neuen Zeitalters abstimmen. Deshalb ist es außerordentlich wichtig, dieses Zeichen systematisch auf unser Leben und das Leben anderer anzuwenden.

Die Einheit der Menschheit

Wenn mehrere Zeichen des Neuen Zeitalters in einem Kreis zusammengebracht werden, repräsentieren sie den heiligen Kreis einer Menschheit, die sich voll Respekt, Toleranz und Freude zusammenfindet. Eine solche Einheit der gesamten Menschheit ist die erhabene Sehnsucht eines jeden, der edle Ziele verfolgt. Der Geist vollkommener Geschwisterlichkeit unter allen Geschöpfen wird ein wesentliches Merkmal der neuen Ära sein.

Der heilige Kreis der Menschheit wird tanzen vor Freude bei jener glücklichen Zusammenkunft in einer Gemeinschaft, die um das Licht weiß, das jeder Einzelne von uns in sich trägt. Dieser Kreis des Glücks und der Einheit wird eine Spirale mächtiger Energie erzeugen, die in konzentrischen Kreisen ihren Segen über den ganzen Planeten Erde ausstrahlt.

Wie man das Zeichen der Neuen Zeit anwendet

Das Zeichen erweist sich als äußerst hilfreich beim großen Sprung ins Neue Zeitalter, wie er uns von den weisen Maya prophezeit wurde. Es leitet die Menschheit dabei an, ihr Ziel, jene höhere Schwingungsebene, zu erreichen, auf der die neue Ära sie erwartet. Allein das Bild des Zeichens strahlt die hohe Photonenschwingung des Strahls der Verwandlung aus. Es bringt uns folglich schon erheblich weiter, wenn wir es einfach an die Wand hängen.

Wenn unser Blick auf dem Zeichen weilt, sind wir auf ganz natürliche Weise direkt mit ihm verbunden.

Sofort teilt es uns seine eindringliche Botschaft auf der ihm eigenen höheren Ebene mit und wirkt zugleich auf seine unschätzbar positive Art auf uns ein.

Wer mit dem Zeichen meditieren möchte, sollte zuvor einen Zustand geistiger Gelassenheit anstreben, sich dabei auch körperlich entspannen und mit der Sonnenatmung durch den Mund atmen. So schaffen wir in Raum und Zeit eine Öffnung, durch die uns die göttlichen Eigenschaften des Zeichens übermittelt werden können. Am besten lassen sich diese Eigenschaften auf unser Selbst übertragen, wenn unser Bewusstsein dabei vollständig wach ist.

Besonders Kinder reagieren sehr sensibel auf das Bewusstsein, welches das Zeichen des Neuen Zeitalters ausstrahlt. Ein Kind auf der Alpha-Frequenz geistiger Entspannung erfasst das implizite Wissen des Zeichens in seiner ganzen Bedeutung. Es kann seine multidimensionale Sprache unmittelbar verstehen, erlangt auf diese Weise das reine Bewusstsein und greift damit zugleich auf die himmlischsten Eigenschaften seines Wesens zurück. Kleinkinder und Neugeborene haben die idealen Voraussetzungen, um das Zeichen zu betrachten. Augenblicklich verfügen sie wieder über jene speziellen Informationen ihres Geistes, die sie brauchen, um in ihrer jetzigen Verkörperung mit den erhabenen Attributen zu leben, die von ihrem Höheren Selbst ausstrahlen.

Wenn du mit deiner Hand das Zeichen des Neuen Zeitalters formst, ist dies ein ganz entschiedener Bewusstseinsakt. Du überträgst damit das goldene Licht des Strahls der Verwandlung auf alle Geschöpfe, Dinge und Situationen. Damit verwandelst du dich in einen Menschen, der die anstehenden Veränderungen aktiv

vorantreibt; du verwandelst dich in einen wahrhaftigen
Lichtarbeiter und Helfer der spirituellen Hierarchien.

Mache als Erstes mit deiner
bevorzugten Hand das Mudra
für die Dreifaltigkeit, so wie du
es vom segnenden Kristus Jesus
kennst. Das Mudra der Dreifaltigkeit arbeitet mit der multipli-
katorischen Frequenz der Drei,
die alles in ihrem Umkreis dynamisiert und unendlich vermehrt.
Benutze die Sonnenatmung, während du das Zeichen anwendest,
denn diese Atemtechnik ist ein machtvolles Werkzeug
deines Bewusstseins.

Wenn du den Linien der Spirale mit deiner Hand
folgst (du beginnst rechts unten an den Beinen), atmest
du ein, bis du unter deinem Kopf angelangt bist. Dann
hältst du den Atem an, während du die Schleife um
den Kopf zeichnest, und atmest kräftig aus, wenn du
den Bogen von rechts nach links auslaufen lässt.

Die Linienführung sollte exakt so verlaufen wie auf
dem Bild. Wir können das Zeichen des goldenen
Lichts über Personen machen, um ihnen Gesundheit,
Lebensenergie, Freude, Überfluss, spirituelle Kraft,
Schönheit und vieles Gute mehr zu übertragen. Denn
das Zeichen ist die zeitgemäße Form des Segnens.

Damit dies auf eine möglichst bewusste Weise
geschieht, zeichnen wir das Zeichen dreimal über die
Person, auch um sicherzugehen, dass die Kraft der
Dreifaltigkeit ihre machtvollen Schwingungen über
dieser besonderen Person ins Unendliche multipliziert.

Es ist wunderbar, wenn wir das Zeichen für Menschen machen, die uns nahestehen – für Familienangehörige oder andere geliebte Wesen –, oder wenn wir es in ihrer Gegenwart als Bild aufstellen. Wir können seine Wohltaten auch Personen zugutekommenlassen, die nicht körperlich anwesend sind. Dazu stellen wir uns denjenigen vor, auf den wir die Kraft des Zeichens übertragen möchten, und atmen in gewohnter Weise mit der Sonnenatmung, während wir es dreimal ausführen.

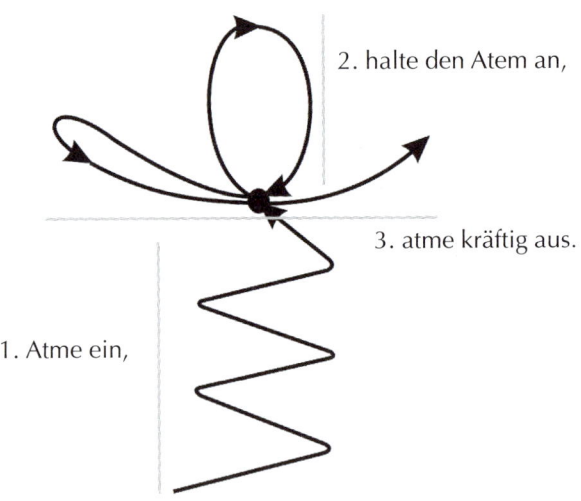

2. halte den Atem an,

3. atme kräftig aus.

1. Atme ein,

Wir können das Zeichen auch dreimal über die Lebensmittel machen, die wir zu uns nehmen wollen, um die Frequenz ihrer Nährstoffe zu steigern. Damit werden sie zu optimalen Trägern der Lebenskraft. Mit dem Zeichen schaffen wir ein Kraftmoment von Licht und Anpassungsfähigkeit und verbessern die Qualität unserer Nahrung.

Wir können das Zeichen über viele Dinge machen. So zum Beispiel über unser Auto, bevor wir einsteigen. Die Kraft des Zeichens hüllt es in eine hohe Schwingung goldenen Lichts, so dass es uns sicher befördert, wir uns darin wohlfühlen, uns entspannen und in Harmonie mit uns selbst kommen. Auch unser Rechner ist dafür empfänglich, er wird dann ebenfalls eine besondere Energie aussenden; jeglicher negative Effekt, der von ihm ausgehen könnte, wird beseitigt. Das Licht, welches das Zeichen ausstrahlt, kann bei jeder Sache und jedem Apparat eine solche Veränderung bewirken und ungünstige Bedingungen zu unserem Vorteil verwandeln.

Dieses wunderbare Geschenk des Großen Geistes lässt sich auf Tiere, Pflanzen, Kristalle oder Altäre anwenden – es gibt eine Unzahl von Möglichkeiten. Und jedes Mal, wenn wir das Zeichen verwenden, wirken wir unendlich segensreich auf unsere Welt ein, denn als Übertragungsmedium der allerhöchsten Lichtschwingung des Himmels sind wir effektiv daran beteiligt, dem gesamten Dasein zu höherer Schwingung zu verhelfen.

Wenn wir in unserer Meditationsgruppe einen Kreis bilden, können wir zugunsten unseres Planeten wirken. Dazu stellen wir uns das Zeichen des Neuen Zeitalters in unserer Mitte vor und senden unserer Mutter Erde eine Botschaft der Erneuerung und Wiederbelebung. Wir fühlen, wie es mit Würde und Glück aufgeladen ist und allen Geschöpfen, deren Heimat die Erde ist, zum Segen gereicht. Wenn wir dies dreimal tun, bringen wir die Kraft der Dreifaltigkeit zur Geltung. Wenn wir es neunmal wiederholen, verbinden wir uns mit der Frequenz von Mutter Erde. Wenn wir das Zeichen dreizehnmal anwenden, aktivieren wir die höchste geistige Kraft.

Wenn wir das Zeichen der Neuen Zeit auf uns selbst anwenden, lassen wir keinen Zweifel mehr daran, dass wir das Geschenk des himmlischen Vaters für unser Leben annehmen und den ersehnten Wandel wirklich wollen. Dies ist ein Akt unseres freien Willens. Mit wachem Bewusstsein absorbieren wir die Botschaft, die dem Zeichen innewohnt, und machen sie uns zu eigen. So werden wir würdige Träger der himmlischen Codes, die das Goldene Zeitalter lebendig werden lassen. Das Zeichen wird dabei immer auf die gleiche Weise ausgeführt: Wir atmen durch den Mund ein und ziehen dabei von den Beinen aufwärts und von rechts nach links die Linie der drei Spiralbögen bis zur Höhe des Thymus.

Nun halten wir den Atem an: Vom Thymus aus steigt die Linie auf, führt am rechten Ohr entlang über den Kopf, steigt am linken Ohr entlang wieder ab und schwingt dann zu jenem Punkt des Kreisbogens, der am weitesten rechts außen liegt.

Während wir abschließend diesen Halbkreis von rechts nach links ziehen, atmen wir kräftig durch den Mund aus.

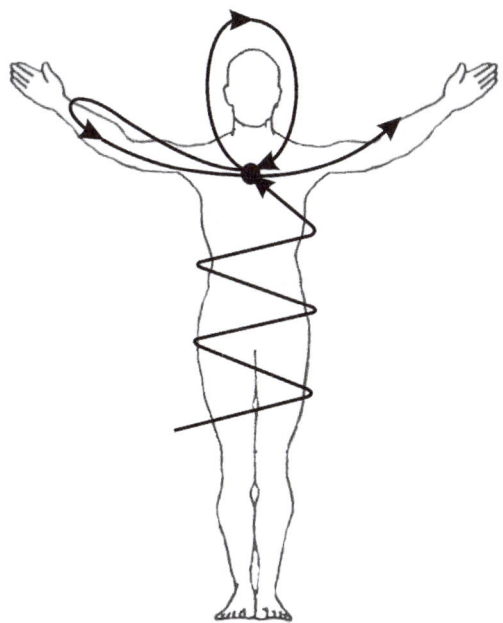

Wenn wir das Zeichen für uns selbst machen, sollten wir immer exakt diese Linienführung einhalten.

Um den transzendenten Maya-Code der 12 plus 1 (13) zu aktivieren, schreiben wir das Zeichen dreizehn Mal unserem eigenen Selbst ein, in Übereinstimmung mit den dreizehn multidimensionalen Körpern, den dreizehn Chakren und den dreizehn Dimensionen.

Bei der Ausführung des Zeichens nehmen wir deutlich wahr, wie sich unserem Wesen die Merkmale des Strahls der Verwandlung und all seine leuchtenden Codes, gesandt von Hunab Kú, der Mitte aller Mitten, dem »Einen im Einen«, dem göttlichen Bewusstsein, in schimmerndem Gold einprägen.

Wir spüren, wie das Zeichen Kontakt zu unserem Selbst herstellt. Bei jeder Linie, die wir ziehen, wird der Thymus angeregt und beginnt zu pulsieren, wobei er eine intensive vitale Ausstrahlung abgibt, die sich auf jede unserer Körperzellen überträgt. Wir beobachten, wie sich unsere Lebensenergie erneuert und wie uns das Zeichen mit dem Urquell selbst verbindet. Wellen des Glücks durchfließen uns, wir fühlen uns unendlich wohl und erleben einen exaltierten Zustand göttlichen Bewusstseins.

Das Zeichen aktiviert unsere Struktur. Die Photonen des Strahls der Verwandlung dringen in unseren Zentralkanal ein und beschleunigen dessen elektrische und magnetische Felder auf eine so dynamische Frequenz, dass die gesteigerte Schwingung unseres Seins mit der allerhöchsten elektronischen Vibration des Geistes in Einklang ist. Denn das Zeichen ist die intelligente Gegenwart des Schöpfers, und wenn das menschliche Bewusstsein es anwendet, wirkt es als starkes Band mitschöpferischer Kraft, welche die harmonische Ordnung wiederherstellt und dem Menschen seine ursprünglichen Merkmale zurückerstattet.

Das Bewusstsein der Einheit

Dies ist also die »Methode«, mit der wir die drei grundlegenden Ebenen des Bewusstseins – die physische, die emotionale und die mentale Ebene – miteinander verschmelzen. Und damit verbinden wir auch die drei Sphären unserer Handlungsweisen miteinander, nämlich unsere geistigen Entwürfe, gefühlsmäßigen Einstellungen und die körperliche Verankerung. Das Zeichen des Neuen Zeitalters schenkt uns die unschätzbar wertvolle Verknüpfung unseres menschlichen Daseins mit den geistigen Dimensionen. Denn wenn wir zusätzlich die Gegenwart des Geistes mit einbeziehen, entwerfen wir uns als vollständige Wesenheiten, bei denen die Einheit zwischen dem Göttlichen und dem Menschlichen hergestellt ist, die Einheit von Geist und Materie.

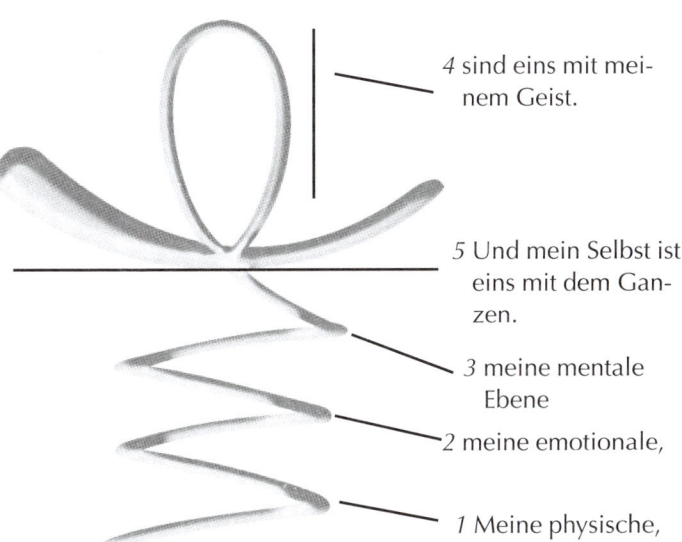

4 sind eins mit meinem Geist.

5 Und mein Selbst ist eins mit dem Ganzen.

3 meine mentale Ebene

2 meine emotionale,

1 Meine physische,

Wir atmen ein und zeichnen mit dem Mudra der Dreifaltigkeit die Spirale von unten nach oben, wobei wir jede Ebene benennen: »Meine physische, meine emotionale, meine mentale Ebene...« (wir halten den Atem an und fügen in Gedanken hinzu:) »... sind eins mit meinem Geist. Möge ihre Verbindung vollkommen sein und in mir das Bewusstsein einer vereinten Wesenheit erblühen.«

Wenn wir dann den Kreisbogen zeichnen, konzentrieren wir uns auf die Aussage: »Und mein Selbst ist eins mit dem Ganzen.« Das heißt, dass die zusammengeführten Ebenen unseres Wesens sich mit der gesamten Schöpfung vereinigen, wobei uns zugleich diese Einheit vollkommen bewusst ist. Und während wir kräftig ausatmen, übertragen wir unsere Einsicht als die Botschaft ans Universum, dass wir uns in seiner Mitte aufgehoben und geborgen wissen.

Mit jeder Wiederholung wird diese Verschmelzung inniger und intensiver fühlbar. Der Bedeutungsinhalt des Zeichens prägt sich uns ein mit der Kraft einer göttlich lodernden Flamme und bringt uns der ersehnten Einheit immer näher.

Man sollte diese Übung täglich über einen längeren Zeitraum (empfohlen werden 90 Tage) wiederholen. Steter Tropfen höhlt den Stein, und wenn wir diese Übung systematisch ein ums andere Mal machen, wird sie einen tiefgreifenden Wandel in unseren Strukturen und Vorstellungen bewirken und uns zu größerer Klarheit verhelfen.

Das Bewusstsein der Einheit ist wesentlich für das Neue Zeitalter, wo alles ein Teil des Ganzen ist und das Ur-Eine um diese Gesamtheit weiß.

Der solare Kristus-Code

Das Zeichen der Neuen Zeit macht uns mit der Wiederherstellung des Kristus-Codes in unserem Körper ein Geschenk von unschätzbarem Wert für unsere Bewegung in Richtung Transzendenz: Wir können damit das strahlend kristalline Licht unserer geistigen Essenz wieder in unser Menschsein bringen.

Folgende Übung vermittelt uns die schöpferische Kraft, welche die hohe solare Kristus-Schwingung in unserer physischen Struktur wieder erzeugen kann, damit wir als wahre Gotteskinder auf Erden leben können.

Wir beginnen die Übung, indem wir uns zunächst bewusst mit Hunab Kú verbinden, dem Schöpfer, der Großen Zentralsonne, der Ursprungsenergie, dem »Einen im Einen«.

Über diese Verbindung mit dem Urquell steigern wir unsere Frequenz und schaffen ein außerordentlich starkes Band zwischen uns und dem Schöpfer, der uns ja bei unserem Prozess unterstützt.

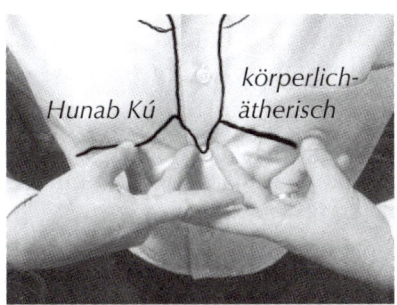

Hunab Kú *körperlich-ätherisch*

Wir formen mit unseren Fingern das Mudra für die Verbindung mit Hunab Kú. Ringfinger und Daumen berühren sich, die Mittelfinger berühren beide Seiten des Endes des Brustbeins.

Wir atmen mit tiefen Atemzügen durch den Mund. Die Sonnenatmung öffnet unser Bewusstsein, und der Große Geist Hunab Kú sendet uns sein hellstes Licht. Wir behalten die Fingerstellung, die Atmung und das Bewusstsein unserer Verbindung mit der spirituellen Kraft einige Minuten lang bei, während unser ganzes Sein mit dem erhabenen Bewusstsein Gottes in uns zusammenfließt.

Nun lösen wir das Mudra und bewegen uns weiter in Richtung solares Kristus-Bewusstsein. Vor uns liegt die gewaltigste Veränderung, die unser Selbst jemals erfahren wird: die Erschaffung unseres Kristall- oder Lichtkörpers.

Der gesamte Prozess wird von den Worten begleitet: »Ich bin der Weg, die Wahrheit und das Leben.«

Der Weg ist der heilige Sac-Bé der Maya, der Weiße Weg des Aufstiegs, der Pfad der Initiation, der uns von den instinktiven zu den höchsten Frequenzen emporführt. Dies ist der Weg des Jüngers auf seiner Suche nach der Einheit im Großen Geist.

Wenn wir während dieser Übung den Weg anrufen, hilft uns der Strahl der Verwandlung mit seiner wirkmächtigen photonischen Energie, unserem Ziel, dem ewiglich währenden Dasein, näherzukommen.

Die Wahrheit ist die wahrhaftige transzendente Natur unseres Seins. Wir sind grenzenlos, vollkommen, unbefleckt, unschuldig, allwissend und allumfassend. Wir sind der vollendete Ausdruck all dessen, was Gott ist, ohne jegliche Einschränkung und auf ewig frei.

Die Wahrheit ist: Wir sind schöpferische Gottheiten im Vollbesitz unserer Willensfreiheit.

Das Leben ist die aller Schöpfung innewohnende Bewegung von Wandel und Veränderung in ihrer höchsten Form. Das Leben ist der göttliche Auftrag an uns, die Lichtatome auf allen Ebenen unseres Daseins pulsieren zu lassen, damit sie sich immer und ewig erneuern.

Das Muster des Lebens ist das einzige angeborene Merkmal, das wir für uns akzeptieren. Nach diesem Muster sind wir geschaffen. »Ewiges Leben« zu sagen ist gleichbedeutend mit »Gott ist in mir«.

Während wir das Zeichen der Neuen Zeit dreizehnmal über uns selbst machen, sprechen wir diese Worte: »Ich bin der Weg, die Wahrheit und das Leben.«

Erster Schritt: Während du durch den Mund einatmest, ziehst du die drei Spiralbögen rechts unten beginnend bis unter deinen Kopf und lässt dabei deinen Geist sprechen: »Ich bin der Weg …«

Zweiter Schritt: Dann hältst du den Atem an, zeichnest um deinen Kopf einen Kreis und sprichst in Gedanken: »… die Wahrheit …«

Dritter Schritt: Während du schließlich kräftig ausatmest und dabei den Bogen für das Leben von rechts nach links machst, unterstreichst du diese Geste nachdrücklich mit den Worten: »… und das Leben.«

Du wirst fühlen, wie die Muster der Erneuerung und des ewigen Lebens zur Wirkung kommen, während du dreimal am Thymus entlangfährst. Du spürst, wie deine Verbindung mit dem Geist wächst, wie du fest im Licht, in der Wahrheit und im Leben stehst. Im

Thymus pulsiert die Lebenskraft, die sich in alle Zellen deines Körpers verströmt, alle sensorischen Fasern deines auratischen Feldes durchdringt und sich auf alle Dimensionen deines Seins erstreckt.

Der Prozess zum solaren Kristus-Wesen wird in jedem einzelnen unserer dreizehn multidimensionalen Körper stattfinden, wenn wir nur wirklich von dieser Übung überzeugt sind. Immer tiefer wird sich der Wunsch in uns eingraben, zum Sonnenkristus zu werden, zum Meister der erhabenen Ausstrahlung in einer seiner gegenwärtigen Verkörperungen. Denn wir wollen die Codes der Neuen Zeit aktivieren und dafür sorgen, dass die Erde endlich ihre eigentliche Aufgabe erfüllt: Ein paradiesischer Planet zu sein, ein Lichtplanet, ein Planet der Erlösung.

Nachdem du die dreizehnte Wiederholung vollendet hast, atme nochmals tief ein und sprich dreimal die Worte jenes schöpferischen Lichtstrahls, den Kristus Jesus uns hinterließ: »Wer zu mir kommt, hat das ewige Leben.« Denn so lautet die höchste Antwort des himmlischen Vaters, des Großen Geistes, von den Maya Hunab Kú genannt:

»Wer zu mir kommt, hat das ewige Leben.«

Diese Worte sind die väterliche Gabe für sein nach Erlösung strebendes Kind. Keine Anrufung des Geistes bleibt je unerwidert. Und immer, wenn wir uns aus völlig freiem Willen an den Vater wenden, um mit dem Ur-Einen Bewusstsein zu verschmelzen, dann beschenkt uns der Schöpfergott mit dem ewigen Leben und der Gewissheit, dass er uns für alle Zeit sicher in seinen allumfassenden Armen geborgen hält.

Wir empfehlen, diese Übung 52 Tage lang zu praktizieren. Damit durchlaufen wir einen kompletten Zyklus von Erneuerung und Wiedergeburt, während dessen sich unser Lichtkörper heranbildet. In der Weisheit der Maya steht die Zahl 52 für einen vollständigen Kreislauf des Daseins, mithin entspricht dieses Zeitfraktal von 52 Tagen dem kompletten Reifeprozess eines Lichtkörpers. In dieser Zeit muss die Übung zum solaren Kristus-Wesen systematisch erfolgen und darf nicht einen einzigen Tag ausfallen.

→ *Farbige Abbildung Kristus mit dem Zeichen siehe Bildteil, Seite 261*

Das Zeichen in therapeutischen Sitzungen

Lichtarbeiter haben sich zu einem Heer von Heilern und Therapeuten verschiedener Ansätze zusammengetan. Gemeinsam wollen sie der Menschheit dabei helfen, ihre Fesseln abzustreifen, damit sich die Muster der Neuen Zeit durchsetzen können: Gesundheit, Leben und Harmonie. Bei therapeutischen Sitzungen spielt das Zeichen der Neuen Zeit eine herausragende Rolle:

Zu Beginn: Der Therapeut führt das Zeichen des Neuen Zeitalters über dem Patienten aus, damit sich dessen Lichtkanäle öffnen und so schneller eine Verbindung zu den Mustern von Heilung und Leben hergestellt ist. Zugleich soll es ihm dabei helfen, sich aus den alten Formen herauszulösen, die ihn noch gefangen halten. Das Zeichen wird dreimal wiederholt. Es verströmt das goldene Licht des Strahls der

Verwandlung, erfüllt den Patienten mit neuer Lebenskraft und macht seine Biostruktur empfänglicher für den bevorstehenden Heilungsprozess.

Zum Schluss: Nach Beendigung der therapeutischen Arbeit verstärkt das Zeichen den erzielten Erfolg, wenn es erneut drei- oder dreizehnmal über dem Patienten ausgeführt wird. Das Zeichen verfestigt die im Laufe der Sitzung gewonnenen Lichtmuster und vervielfältigt die empfangene Energie.

Andererseits kann der Therapeut das Zeichen am Anfang und am Ende seines wohltätigen Tagewerks auch für sich selber machen. Seine gesamte Biostruktur wird dadurch ein idealer Kanal für den Lichtstrom des Großen Geistes. Das macht ihn zu einem ausgezeichneten Medium für die Heilkraft, die sich desto besser auf alle seine Patienten überträgt.

Das Zeichen als Anhänger

Der Anhänger wird aus 14-karätigem Gold gefertigt, einem Metall, das in perfekter Harmonie mit der goldenen Vibration des Großen Sonnengeistes schwingt. Gold ist als Material einfach unverzichtbar, wenn man die hohe Schwingung des Strahls der Verwandlung erhalten möchte.

Auf Höhe des Thymus getragen bringt das Zeichen der Neuen Zeit die Qualitäten des Sonnenwesens besonders wirkungsvoll zur Geltung und überträgt sie auf das Bewusstsein, die Persönlichkeit und das gesamte Umfeld seines Besitzers.

Es verstärkt die Aktivierung sämtlicher Codes göttlicher Vollkommenheit auf den verschiedenen Ebenen unseres Selbst. Solange wir es tragen, empfangen unsere energetischen Felder permanent die Ausstrahlung des Photonenstrahls, was auch eine Heilung, Reinigung beziehungsweise Entprogrammierung von den Mustern der Vergangenheit bewirkt, dabei aber natürlich keinesfalls bewusste Arbeit ersetzen kann.

Der Anhänger ist also nicht nur ein wertvolles Schmuckstück. Er strahlt zugleich auf alle Wesen aus, mit denen wir zu tun haben. Ein jeder, der diese Figur erblickt, öffnet unwillkürlich sein Unterbewusstsein, und sein Unbewusstes und empfängt auf diese Weise die transzendente Botschaft, die dem Zeichen innewohnt. Wenn wir den Anhänger tragen, verwandeln wir uns in aktive Botschafter der Neuen Zeit.

Abschließend sei gesagt, dass die Anwendungsmöglichkeiten für das Zeichen unendlich sind. Unserer Auffassung nach ist es äußerst variabel, und jeder kann es den eigenen Lebensumständen entsprechend einsetzen, je nach seinen Glaubensvorstellungen und Neigungen. Dabei segnet uns das Zeichen stets mit seiner göttlichen Gegenwart. Es öffnet die Pforten des Lichtes und lässt uns die unendliche Güte Gottes zuteilwerden. Es ist mächtigstes Hilfsmittel und engster Verbündeter bei all den Verwandlungsprozessen, die wir für uns selbst vollziehen und bei denen wir anderen beistehen möchten.

7
Aminoglyphen aktivieren den Lichtkörper

Im Augenblick der Schöpfung waren wir nach göttlichem Entwurf ein Abbild vollendeter Perfektion. Unser Körper wurde als ein Prototyp erschaffen, der die Fülle der gewaltigen Möglichkeiten des Geistes in sich aufnehmen konnte. Zu diesem Zustand müssen wir zurückfinden, wollen wir auf der Frequenz der Neuen Zeit mitschwingen.

Die Elemente, aus denen unser Körper einst geformt wurde, waren lebendige Intelligenzen. Sie spiegelten die universellen und himmlischen Schwingungen in ihrer ganzen Bandbreite wider. Damals waren wir das getreue Abbild dieses göttlichen Entwurfs, stammen wir doch selbst von Göttern ab. Doch im Lauf der Zeit schlichen sich entartete Mechanismen ein, die systematisch ihre schädlichen Programme reproduzierten. Wir verloren allmählich unsere schöpferischen Fähigkeiten. Bei jeder neuen Verkörperung wurde der Körper hinfälliger und anfälliger für Krankheiten, der Abstand zu seiner optimalen Verfassung war wieder ein Stück größer geworden. Die Kraftfelder zur Aufnahme der Universellen Energie brachen zusammen. Übrig blieb ein geschwächter Organismus mit einem kümmerlichen Restbestand jener höheren Eigenschaften, die wir zuvor besessen hatten.

In der Neuen Zeit muss dieser Zerfallsprozess aufhören, und daher werden wir uns ganz auf die Erholung und Wiederherstellung unserer ursprünglichen genetischen Merkmale konzentrieren. Unsere leibliche Hülle wird wieder alle Merkmale des göttlichen Urbildes zeigen. Und wir selbst werden mit all unseren wiedererwachten Fähigkeiten ein erfülltes Dasein leben und die wahre Vollständigkeit unseres Wesens erfahren.

Während unser Lichtkörper im Laufe dieses Prozesses aktiviert wird, soll auch der Originalzustand unserer DNA wiederhergestellt werden. Dafür stellt uns der Aufgestiegene Meister Kinich Ahau, der Große Sonnengeist, das Sonnenbewusstsein, eine besonders schöpferische und regenerative Methode zur Verfügung: die Vereinigung der 20 Aminosäuren mit den 20 archetypischen Eigenschaften der Maya-Glyphen.

Der genetische Code
des Menschen

Der genetische Code ist in der Sprache der DNA (englisch »deoxyribonucleic acid«, deutsch »Desoxyribonukleinsäure«) den Zellen unseres Körpers eingeschrieben. Die DNA enthält die genetischen Anweisungen für Entwicklung und Fortbestand aller bekannten Lebewesen, einschließlich einiger Viren.

Die Moleküle der DNA sind in erster Linie Träger und Überträger des Erbgutes. Man vergleicht die DNA zu unserem besseren Verständnis oft mit einer Bedienungsanleitung, da sie wie ein Handbuch alle Instruktionen für den Bau der einzelnen Zellbestandteile, zum Beispiel Ribonukleinsäure (RNS) und Proteine, enthält.

Jene Teile der DNA, die Erbinformationen enthalten, heißen Gene. Es gibt auch einige Abschnitte mit anderer Funktion, sie halten etwa die organische Struktur zusammen oder regulieren den Einsatz besagter Informationen. Bei komplexen Organismen wie dem Menschen sitzt die DNA im Zellkern.

Die wichtigsten Bauteile der DNA sind die sogenannten Nukleinbasen. Derer gibt es vier: Adenin (A), Guanin (G), Cytosin (C) und Thymin (T). Alle Erbinformationen sind in diesen Basen enthalten. Man kann auch sagen: Sie sind die Buchstaben des genetischen Alphabets.

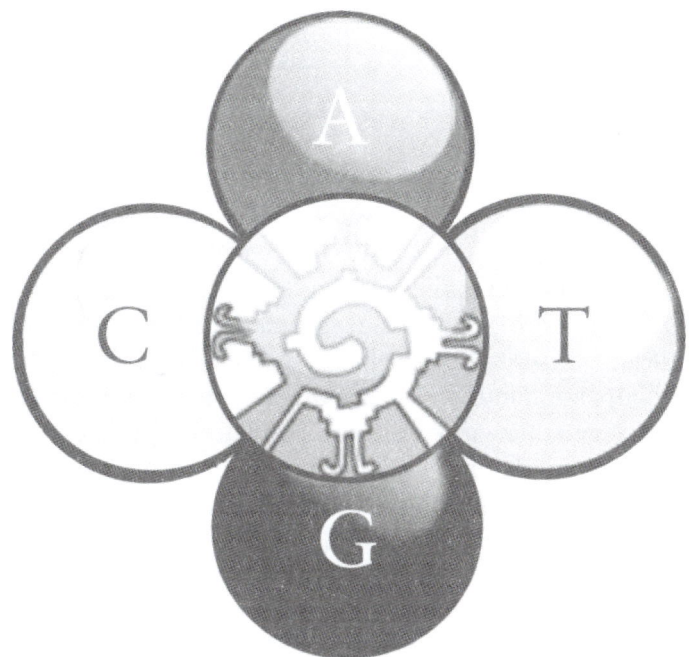

Ein wenig abseits all dieser wissenschaftlichen Überlegungen sei darauf hingewiesen, dass es für die vier grundlegenden Elemente unseres genetischen Bauplans, die vier Nukleinbasen, eine Parallele im Weisheitsschatz der alten Maya gibt: Nach ihrer Erkenntnis offenbart sich Hunab Kú, der Schöpfer in seiner Ursprungsenergie, über vier schöpferische Kräfte: Feuer, Erde, Luft und Wasser. Das heißt, die vier Nukleinbasen der genetischen Sprache entsprechen den vier tragenden Kräften des Universums.

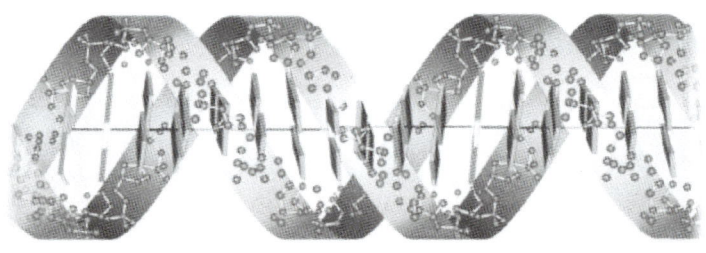

Die DNA stellt sich als ein langes Kettenmolekül dar, dessen Glieder aus diesen Nukleinbasen bestehen, die von Zucker- und Phosphatmolekülen zusammengehalten werden. Die Basen mit den Erbinformationen sind entlang eines Doppelstranges aneinandergereiht, wobei jeweils zwei von ihnen paarig miteinander verknüpft sind (C mit G und A mit T). Sie bilden ein schraubig gedrehtes komplementäres Gebilde, eine kompakte Doppelhelix.

Aufgrund ihrer komplementären Struktur ist die Information doppelt enthalten, sozusagen als Sicherheitskopie, und kann anhand der einen Hälfte des Stranges rekonstruiert werden. Das ist immer dann der Fall, wenn beim Teilungsprozess aus einer Mutter-

zelle zwei Tochterzellen werden: Aus der längs geteil-
ten komplementären Kette formt sich eine neue komplette Doppelhelix. Die gesamte Information ist jetzt
als identische Kopie in den Tochterzellen vorhanden,
die aus der Mutterzelle entstanden sind. Auf diese
Weise wird der genetische Code reproduziert.

Die Information der Buchstaben Adenin, Guanin,
Cytosin und Thymin organisiert sich entlang der
Kette in Worten aus drei Buchstaben, den sogenann-
ten Tripletts. Sie enthalten je drei Basen, zum Beispiel
die Kombinationen ACT, GCT, GAT, CAT... Es
gibt 64 mögliche Kombinationen oder Worte aus drei
Buchstaben (Nukleinbasen) im Wörterbuch der
DNA.

Die einzige Funktion der DNA ist die Speicherung
der Erbinformation. Damit Proteine (Eiweiße) gebildet werden können, müssen diese Informationen gele-
sen und in Anweisungen zur Synthese übersetzt werden. Diese Aufgabe wird von der Ribonukleinsäure
(RNS) erledigt.

Die Bausteine, aus denen sich die Proteine zusammensetzen, heißen Aminosäuren. Ihr Bauplan steht im
genetischen Code, ist also den Informationen zu entnehmen, die in der DNA gespeichert sind. Das Wörterbuch der DNA übersetzt sich in nur zwanzig essen-
tielle Aminosäuren, obwohl es noch ein paar mehr
davon gibt.

In den 64 unterschiedlichen Basen-Kombinationen
oder Tripletts sind die zwanzig essentiellen Aminosäuren codiert, aus denen sich wiederum die Proteine
zusammensetzen, die wir benötigen.

Vereinfacht könnte man sagen, die Aminosäuren
sind die Grundbausteine der Zellernährung. Sie sind

unentbehrlich, damit sich die Zellen weiterhin reproduzieren können.

Diese Aminosäuren schließen sich zu Ketten zusammen, deren Aufbau in der DNA codiert ist, so dass die entsprechenden Proteine daraus hervorgehen. Diese falten sich zu höchst komplexen Gebilden zusammen.

Die Aminosäuren

Aminosäuren sind die Grundbausteine der Proteine. Zwei Aminosäuren schließen sich in einer Kondensationsreaktion, bei der Wasser frei wird, über eine Peptidbindung zu einem Dipeptid zusammen. Wenn eine dritte Aminosäure andockt, entsteht ein Tripeptid und so weiter. Ketten, die aus mehreren Aminosäuren bestehen, heißen Polypeptide. Polypeptide, die von mehr als hundert Aminosäuren gebildet werden, nennt man Proteine.

Es gibt etwa zwanzig verschiedene Aminosäuren, aus denen sich unsere Proteine zusammensetzen. Aminosäuren, die unser Organismus nicht selber herstellen kann, nennt man essentiell. Wir müssen sie über die Nahrung aufnehmen, ein recht langwieriger und energetisch aufwändiger Prozess für unseren Körper. Ein Lebensmittel, das alle essentiellen Aminosäuren enthält, gilt als hochwertig. Einige Nahrungsmittel, Fleisch etwa, versorgen uns zwar reichlich damit, kosten den Organismus aber unverhältnismäßig viel Kraft, denn ihre Verdauung zieht sich über Stunden hin. Dabei wird Lebensenergie vergeudet und verdorben.

Andere Nahrungsmittel wie Eier und Milchprodukte sind für den Organismus besser aufzuschließen.

Aber vegetarische Kost ist allem anderen vorzuziehen. Auch wenn sie uns nicht mit sämtlichen essentiellen Aminosäuren auf einmal versorgt – die vorhandenen sind uns dafür besonders leicht zugänglich. Deshalb empfehlen wir den Verzehr von Keimlingen: Sprossen bieten Aminosäuren in hoher Qualität und sind zusammen mit Soja, Quinoa, Algen und Dinkel ein hervorragendes Lebensmittel.

Die zwanzig Aminosäuren des menschlichen Organismus

1. *Methionin*: Mit dieser Aminosäure startet jede Proteinbiosynthese. Sie ist die limitierende Aminosäure, das heißt, ihre Menge bedingt, welcher Prozentsatz des Nahrungsmittels auf Zellniveau genutzt werden kann. Sie bestimmt die biologische Wertigkeit eines Eiweißes.

2. *Phenylalanin*: Unerlässlich für die Bildung verschiedener Neurohormone; außerdem an der Produktion von Kollagen beteiligt, von grundlegender Bedeutung für Hautstruktur und Bindegewebe.

3. *Alanin*: Wesentlich beteiligt am Glukosestoffwechsel (Glukose ist als einfaches Kohlenhydrat eine Energiequelle des Organismus).

4. *Threonin*: Zusammen mit L-Methionin und der L-Asparaginsäure unterstützt diese Aminosäure die allgemeine Entgiftungsfunktion der Leber.

5. *Histidin*: Gemeinsam mit dem Wachstumshormon und einigen damit in Zusammenhang stehenden Ami-

nosäuren trägt es zum Wachstum und zur Wiederherstellung von Gewebe bei und spielt auch eine gewisse Rolle im Herz-Kreislauf-System.

6. *Valin*: Stimuliert Wachstum und Heilung von Gewebe; trägt zur Aufrechterhaltung verschiedener Systeme bei und ist wichtig für die Stickstoffbilanz.

7. *Asparagin*: Wirkt vor allem bei Stoffwechselprozessen des Zentralen Nervensystems mit.

8. *Isoleucin*: Zuständig für die Energiegewinnung in Muskelzellen.

9. *Leucin*: Zusammen mit L-Isoleucin und dem Wachstumshormon ist es an der Entstehung und Heilung von Muskelgewebe beteiligt.

10. *Serin*: Wird zusammen mit einigen anderen Aminosäuren für die Entgiftung des Organismus, für den Aufbau von Muskeln und für den Fett- und Fettsäurestoffwechsel benötigt.

11. *Tryptophan*: Beeinflusst das Wachstum und die Hormonproduktion, besonders in Bezug auf die Nebennieren. Es unterstützt die Synthese von Serotonin, einem Hormon, das für Entspannung und Schlaf zuständig ist. Auch als »Glückshormon« bekannt.

12. *Glyzin*: In Kombination mit vielen anderen Aminosäuren Bestandteil fast aller Gewebe des Körpers und ein wichtiger Knotenpunkt im Stoffwechsel.

13. *Glutamin*: Hirnnahrung, dabei vor allem für die Aufnahme von Glukose zuständig.

14. *Lysin*: Eine der wichtigsten Aminosäuren, weil sie in Verbindung mit mehreren anderen an verschiedenen Funktionen beteiligt ist, einschließlich Wachstum, Gewebeheilung, Antikörperbildung des Immunsystems und Hormonsynthese.

15. *Arginin*: Nötig zum Ausgleich des Stickstoff- und Kohlendioxid-Haushalts; wichtig für die Produktion des Wachstumshormons, direkt beteiligt am Gewebe- und Muskelwachstum und bei der Aufrechterhaltung und Reparatur des Immunsystems.

16. *Glutaminsäure*: Unentbehrlich für die Funktionen des Zentralen Nervensystems, außerdem regt sie das Immunsystem an.

17. *Prolin*: An der Kollagenproduktion beteiligt, wichtig in Zusammenhang mit Heilung und Erhalt von Muskeln und Knochen.

18. *Asparaginsäure*: Wesentlich für die richtige Funktion der Leber und ihre Entgiftung. Die L-Asparaginsäure kombiniert sich mit allen anderen Aminosäuren und bildet Moleküle, die Giftstoffe im Blut binden können.

19. *Tyrosin*: Ein direkter Neurotransmitter, kann in Verbindung mit anderen notwendigen Aminosäuren sehr wirkungsvoll bei der Behandlung von Depressionen eingesetzt werden.

20. *Cystein*: Neben L-Cystin ist L-Cystein an der Entgiftung beteiligt, besonders bei der Bindung von freien Radikalen. Durch seinen hohen Schwefelgehalt trägt es zur Gesunderhaltung des Haares bei.

Die Mayaglyphen

Das Maya-Rad der Weisheit hat einen äußeren Kranz mit zwanzig Glyphen (Symbole), deren Ideogramme den zwanzig wesentlichen Attributen des Daseins entsprechen. Jede dieser Glyphen repräsentiert einen universellen Archetypen, ein Frequenzband, eine Qualität oder eine Essenz. Die Gesamtheit aller zwanzig Glyphen steht für die gesamte Weisheit. Hat ein Mensch diese zwanzig archetypischen Attribute in sich aufgenommen, ist er ein ganzheitliches Wesen. Der Kreislauf seines Daseins ist vollendet, und er kehrt zurück zur reinen Manifestation der transzendenten Gegenwart seines multidimensionalen Selbst.

Für die weisen Maya war das Universum kein Chaos. Sie hatten vielmehr erkannt, wie perfekt es organisiert ist. Mit ihrer hohen Intelligenz gelang es ihnen, die wesentlichen Aspekte des Lebens in Entwicklungsstufen einzuteilen. Diese wertvolle Erkenntnis fassten sie in den zwanzig Glyphen zusammen, die den äußeren Radkranz der Maya-Weisheit ausmachen.

Die jedem Archetypen innewohnenden Eigenschaften der zwanzig Maya-Glyphen

1. *Imix*: Geduld, Wahrnehmung, Anstoß zur Verwirklichung von Plänen und Beziehungen. Der Beginn neu-

er Zyklen, Erzeugung oder Umsetzung von neuen Ideen oder Vorschlägen, scharfer Verstand, außersinnliche Wahrnehmung. Gemeinschaft mit der Göttin, der Göttin-Mutter oder heiligen weiblichen Energie.

2. *Ik*: Kommunikation, Informationsübertragung, Aufnahmefähigkeit, Inspiration, spirituelle Gemeinschaft. Kontakt mit den spirituellen Meistern, den weisen Führern, Trägern des höchsten Bewusstseins.

3. *Akbal*: Entspannung, Erholung, luzide Träume, Innenschau, Reflexion. Romantik, Zärtlichkeit, Verständnis. Reise in die Innenwelt, Beseitigung von Nachtmahren und Urängsten. Entwicklung der Sensibilität, der Intuition und eines gesunden Ausdrucks der Gefühle.

4. *Kan*: Bewusstwerdung, Achtsamkeit, den eigenen Standpunkt erkennen, Akzeptanz der Umstände, Wachstum am vorgegebenen Ort. Gedeihen unter allen Bedingungen. Erneuerung, materieller Überfluss, Selbstwertgefühl, Selbstannahme. Die Fähigkeit, harmonische Beziehungen mit Verwandten und Personen des engsten Kreises zu pflegen.

5. *Chicchan*: Das Talent zur Problemlösung; Geschicklichkeit in der Lebensführung, Sachkenntnis, praktische Intelligenz, Raffinesse, Entschlossenheit. Körperliche Stärke, Lebenskraft. Kundalini-Energie.

6. *Cimi*: Sein Leben ändern und das Vergangene loslassen können. Die Bereitschaft, sich im Jetzt zu erneuern. Programme der Wiederherstellung. Gedächtnis-

speicher der Vergangenheit, Verbindung mit entkörperten Seelen und unseren früheren Leben.

7. *Manik*: Die Kraft der Heilung, der Energieübertragung, der zwischenmenschlichen Beziehungen, des Gebens und Nehmens. Bereitschaft, den anderen zu dienen, kooperativ zu sein, verständnisvoll und großzügig. Beziehung zur universellen Heil-Energie und Fähigkeit zur Weiterleitung des Genesungsimpulses.

8. *Lamat*: Harmonie mit sich selbst, Akzeptanz der eigenen Persönlichkeit. Ästhetik, Ethik und Schönheit. Edle Motive und hehre Prinzipien. Mit unserem Höheren Selbst verbunden sein.

9. *Muluc*: Annäherung an die eigene Gefühlswelt, Übereinstimmung mit den eigenen Antrieben. Anstöße geben. Erkenntnis durchlebter Gefühle. Läuterung, emotionale Reinheit und innere Klarheit. Auch mit der Göttin assoziiert.

10. *Oc*: Die Fähigkeit, Liebe zu vergegenwärtigen. Versöhnung. Gemeinschaft herstellen durch Liebe. Treue, Loyalität, Hingabe. Die Beziehung zum Partner und die Verbindung zur göttlichen Liebe.

11. *Chuen*: Erkenntnis der Welt der Täuschungen. Schein oder Oberflächlichkeit in Bezug auf die äußeren Ereignisse des Lebens wahrnehmen können, mit den Umständen spielen, die Dinge laufen lassen, sich am Leben erfreuen, nichts übertrieben ernst nehmen; Flexibilität. Distanz zur Welt der Erscheinungen.

12. *Eb*: Entschlossenheit, Interesse, Vertiefung in Themen, die einen etwas angehen. Den Dingen auf den Grund kommen, Forschung, geistige Durchdringung, hohe Intelligenz, Erkenntniszuwachs. Mit den Meistern unseres Lebens in Beziehung stehen.

13. *Ben*: Die Fähigkeit zur Weitergabe von höheren Anleitungen der Meisterintelligenzen. Höhere Zusammenhänge, kosmische Telepathie, Bewusstseinsreisen durch die Multidimensionen. Wird mit dem höheren Verstand und der Fähigkeit, die universelle Weisheit zu empfangen, in Zusammenhang gesehen. Verbindung zu den Sternenwesen.

14. *Ix*: Schamanische Autorität, magischer Gebrauch der Elemente, Beeinflussung des Lebens über die Meisterschaft. Esoterische Erkenntnis der Elemente, die Macht der Rede und der Gebete, die Anwendung der magischen Formeln. Verbindung zum Magier, zum Schamanen.

15. *Men*: Die Fähigkeit zur peripheren Wahrnehmung, Einbeziehung anderer Aspekte, Versöhnung unterschiedlicher Standpunkte, Berücksichtigung aller Begleitumstände einer Situation. Außergewöhnliche Sensibilität, höhere Intelligenz, Verständnis, Fähigkeit zu Analyse und Synthese. Mitgefühl. Verbindung zur Figur des Anführers.

16. *Cib*: Selbstbefragung. Hinterfragung dessen, wer wir sind und was wir wollen. Innere Stärke, Verwegenheit, »Die-Augen-Öffnen«. Annäherung an das innere Licht. Übertragung von Weisheit. Erlangung

des Zustands der Erleuchtung. Verbindung zur Gegenwart unseres transzendenten Wesens.

17. *Caban*: Sich den Umständen des Lebens anzupassen wissen. Toleranz, Verständnis, Lebenslust. Annahme der Wirklichkeit der anderen und unserer selbst. Das Zepter der Macht und den Stab der Weisheit annehmen – ein Prozess, an dem die stärksten Kräfte unseres Selbst beteiligt sind.

18. *Etznab*: Selbstverfeinerung, Selbstdisziplin, Persönlichkeitsentwicklung. Die göttlichen Merkmale widerspiegeln, durchsichtig sein: kristallklar, rein und funkelnd. Achtsamkeit, persönliche Vorsicht. Verbindung zu dem Band, das uns mit Gott verknüpft.

19. *Cauac*: Schwierige Momente überwinden können, Gelassenheit mitten im Konflikt, Ruhe trotz widriger Umstände. Die Fähigkeit, während abrupter Veränderungen oder plötzlicher Ereignisse unsere Mitte zu wahren. Klugheit, Mäßigung, Geduld. Verbindung zum Meister des steinigen Pfades.

20: *Ahau*: Die Annahme unseres göttlichen Wesens, das Wissen um unsere Gotteskindschaft, erschaffen nach Gottes Bilde und ihm gleich. Vollständiger Ausdruck der göttlichen Qualitäten. Priestertum, spirituelle Würde, göttliche Souveränität, Sonnenglanz. Spirituelle Verwirklichung. Die höchste Entwicklungsstufe einer Erfahrung. Göttliche Hoheit. Verbindung zu unserer höchsten spirituellen Identität.

Die Aminoglyphen

Während der Wiederherstellung der ursprünglichen Informationen unseres wahren genetischen Codes fungieren die Mayaglyphen als Speicher für die archetypischen, universellen Eigenschaften. In jeder dieser zwanzig Glyphen haben die Maya jeweils eine geistige, universelle Essenz verschlüsselt, gerade so wie in den Aminosäuren der genetische Code in einer für den menschlichen Organismus verständlichen Sprache verschlüsselt ist. Indem sie die Materie mit den Qualitäten des Geistes verschränken, sind die Aminoglyphen folglich die Existenzgrundlage unserer zukünftigen physischen Struktur.

Aminosäure + Mayaglyphe = Aminoglyphe

materielle   spirituelle
Substanz   Substanz

Die mächtige Ausstrahlung der Maya-Glyphe entlädt ein Gesamtpaket spiritueller Weisheit, den Originalentwurf der Eigenschaften, sowohl für das perfekte Leben der Natur als auch für das menschliche Leben. Hat der Mensch diese zwanzig Archetypen integriert, vollendet sich der Kreislauf seiner gesamten irdischen Existenz.

Da der Geist im Lebens-Code (Bauplan) enthalten ist, den die Aminosäuren übermitteln, tragen sie dazu bei, dass Menschen ihre physische, energetische, emotionale und mentale Schwingung in all ihren Ausdrucksformen erhöhen. In der Neuen Zeit führt kein Weg am Erwerb unseres Lichtkörpers vorbei. Der körperliche Informationsträger muss vollkommen auf den erhabenen spirituellen Impuls ausgerichtet sein, damit die Materie perfekt mit dem Geist schwingt.

Wenn die Aminoglyphen aufgenommen werden, erhält die DNA eine neue Information, die alle biologischen Vorgänge bestimmt, die genetischer Natur sind.

Die zwanzig Aminoglyphen werden neu kodifiziert und im Körper eingelagert, gleichsam injiziert; die spirituellen Eigenschaften und die Lebensenergie gelangen in die zwanzig Hauptgelenke des menschlichen Körpers. Denn diese Gelenke sind für die Qualität unseres ganzen Lebens ausschlaggebend, stehen sie doch für unsere Bewegungsfähigkeit und Flexibilität im rein körperlichen, aber auch übertragenen Sinn.

Sobald die Eigenschaften der Aminoglyphen übertragen wurden, entladen sich augenblicklich die Codes des göttlichen Bewusstseins, und die archetypischen Merkmale entfalten sich. Mit geballter Kraft prägen sich uns die energetischen Felder der hohen Bewusstseinssphären ein und bringen uns Licht, Leben, Erneuerung und solares Bewusstsein.

Kurz zusammengefasst: Die Aminosäuren leiten in unserem Körper die spirituelle Substanz der Glyphen weiter. Dabei stellen sie den ursprünglichen Prototypen wieder her, mit allen Qualitäten, Fähigkeiten und Fertigkeiten unserer eigentlichen göttlichen Natur.

Die Aminoglyphen haben folglich die Macht zur Vereinigung von Materie und Geist und damit zur unumstößlichen Offenbarung des kristischen Sonnenwesens.

→ *Farbige Abbildung Aminoglyphen siehe Bildteil, Seite 262*

 ## Methionin-Imix

Aktivierungspunkt im menschlichen Körper: linker Knöchel.

Verleiht folgende Eigenschaft: Spendet neue Lebenskraft; begünstigt den Prozess der solaren Zündung für die Erneuerung der Muster, die zur Transzendenz führen. Hält das Leben in Gang, dank der Initiatorenrolle der Aminosäure, welche mit der Imix-Glyphe und ihrer ebenfalls anregenden Wirkung verbunden ist.

Verleiht die Fähigkeit, klug zu handeln, sich gelassen zu bewegen und vor dem Handeln die Lage zu beurteilen. Lässt gewaltige schöpferische und innovative Pläne in uns heranreifen. Ermöglicht uns die innige Gemeinschaft mit dem heiligen weiblichen Prinzip.

 ## Phenylalanin-Ik

Aktivierungspunkt im menschlichen Körper: linkes Knie.

Verleiht folgende Eigenschaften: Öffnet die bioenergetischen Pforten zum Empfang geistiger Schwingungen. Stimuliert die Verjüngungsprogramme und erhält den Archetypen von ewiger Jugend und körperlicher Unversehrtheit. Steigert unsere kreativen Kräfte und die Fähigkeit, mit spirituellen Ebenen zu kommunizieren. Befähigt uns zur verständlichen Formulierung universeller Weisheiten.

Aufgrund ihrer hochrangigen Verbindung mit der göttlichen Intelligenz lässt sie uns weise und inspirierte Worte finden. Wir fühlen uns von Aufgestiegenen Meistern, von Lichtwesen geleitet und geführt.

 ## Alanin-Akbal

Aktivierungspunkt im menschlichen Körper: linker Oberschenkelkopf.

Verleiht folgende Eigenschaften: Verstärkt das Band zwischen Himmel und Erde in unserem Wahrnehmungsfeld. Hilft uns, die Vorgänge in unserem Bewusstsein und unserem Unbewussten besser zu verstehen, verleiht unserem spirituellen Aufstieg mystische Inspiration. Lässt uns die Unermesslichkeit des Universums begreifen. Öffnet die außersinnliche Wahrnehmung. Macht uns zu sensiblen, mitfühlenden, respektvollen und toleranten Wesen.

 ## Threonin-Kan

Aktivierungspunkt im menschlichen Körper: Schambein.

Verleiht folgende Eigenschaften: Macht es uns leichter, die Blockaden zu lösen, die das Ego der Existenz auferlegt. Lindert die Lebensangst und sorgt dafür, dass das Muster der Liebe in unserem Leben wieder wirksam wird. Lässt uns erkennen, dass wir Grund und Ursache unseres Daseins sind, weshalb man Verantwortung übernehmen und handeln muss, wenn man seinem Leben die ersehnte Harmonie, Fülle und Glück schenken möchte. Versorgt uns mit innerer Stärke, so dass wir die Angelegenheiten unseres Lebens im Griff haben und mit all unseren Fähigkeiten und Fertigkeiten gedeihen. Lehrt uns, wie man das Beste aus allem zieht, was man erlebt. Reinigt die Seele. Verbessert unsere Beziehungen im engsten Personenkreis.

 ## Histidin-Chicchan

Aktivierungspunkt im menschlichen Körper: rechtes Handgelenk.

Verleiht folgende Eigenschaften: Ermöglicht eine Annäherung an die universelle Energie. Schenkt uns Vertrauen in das Leben und erlaubt die Entfaltung der spirituellen Herrlichkeit auf Erden. Reorganisiert die Lebensenergie und synchronisiert den Puls unseres Lebens mit dem universellen Rhythmus. Verleiht uns die Fähigkeit, uns geschickt und mit praktischer Intelligenz, scharfem Verstand und Sachkenntnis durchs Leben zu bewegen. Aktiviert sämtliche Fließzentren der Kundalini und gibt der menschlichen Struktur die Merkmale eines erleuchteten Wesens zurück.

 ## Valin-Cimi

Aktivierungspunkt im menschlichen Körper: rechter Ellenbogen.

Verleiht folgende Eigenschaften: Steht uns bei in Phasen des Übergangs. Unterstützt uns auf zellulärer, emotionaler und mentaler Ebene, wenn es darum geht, die Kreisläufe von Tod, Wiedergeburt und Erneuerung zu bewältigen. Ersetzt die alten Muster des Todes durch die des ewigen Lebens. Verantwortlich für die grundlegende Verwandlung der menschlichen Struktur zum Lichtkörper, zum solaren Kristus-Wesen. Hilft uns dabei, die Veränderungen im Zyklus unseres Lebens zu begreifen und in Würde zu tragen. Erweitert unser Sensorium, so dass wir sowohl mit verkörperten als auch mit körperlosen Seelen kommunizieren können.

 Asparagin-Manik

Aktivierungspunkt im menschlichen Körper: rechte Schulter.

Verleiht folgende Eigenschaften: Zwingt die Kraft der Heilung herbei und macht den Menschen gänzlich aufnahmebereit, so dass sie in ihm und durch ihn hindurch fließen kann. Erlaubt uns, die Atome des Lichtkörpers anzunehmen. Überführt diese ins Zentrale Nervensystem und holt zugleich die sensitive Fähigkeit des spirituellen Wesens ins menschliche Hologramm zurück.

Aktiviert den Austausch zwischen der kosmischen Heilkraft und der persönlichen Energie des Körpers durch permanente spiralförmige Rückmeldungen. Sorgt dafür, dass wir uns dem Großen Ganzen zugehörig fühlen und trägt damit zur Erfahrung der Einheit bei.

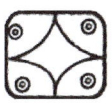 Isoleucin-Lamat

Aktivierungspunkt im menschlichen Körper- zwischen dem 7. Halswirbel und dem 1. Rückenwirbel. Verleiht folgende Eigenschaften: Steigert unser Selbstwertgefühl, bis wir Verbindung zu unserem Höheren Selbst aufnehmen, das uns Harmonie, Ausgeglichenheit, Ästhetik und Edelmut vermittelt. Wir spüren, welche Würde wir als Sonnenkinder besitzen, und erkennen die vollkommene Kristus-Schönheit und strahlende Frequenz unseres Lichtwesens. Unser physischer Körper wird von den erlesenen harmonischen Schwingungen der höchsten Ebenen durchdrungen.

 Leucin-Muluc

Aktivierungspunkt im menschlichen Körper: linker Knochenfortsatz des ersten Halswirbels (Atlas-Apophyse).
Verleiht folgende Eigenschaften: Man empfindet höhere Gefühle wie Solidarität, Altruismus und Großzügigkeit. Gibt dem Leben eine konstruktive Richtung. Erhöht unser Stehvermögen angesichts der Herausforderungen des Lebens und steigert unsere Fähigkeit zu positiven Gefühlsreaktionen in Übereinstimmung mit unserem spirituellen Wesen. Verleiht innere Stärke, vertieft unseren inneren Frieden, verhilft uns zu Gleichmut und Mäßigung. Sorgt für die

Feineinstellung unserer spontanen Gefühlsregungen und gleicht ihre Eleganz und Kraft dem göttlichen Urbild an.

   Serin-Oc

Aktivierungspunkt im menschlichen Körper: linkes Keilbein.

Verleiht folgende Eigenschaften: Erhöht unsere Fähigkeit, Liebe zu geben und zu empfangen. Erzeugt die biochemische Struktur zur Aufrechterhaltung der allerhöchsten Frequenz wahrhaftiger, bedingungsloser Liebe in dieser Dimension.

Verleiht uns die Tugend, das Leben als ein wunderbares Geschenk anzunehmen.

Es findet eine direkte und eindeutige Verbindung zwischen Liebe und Glück statt, eine wichtige Kombination, um die Liebe auf der Frequenz des göttlichen Codes zu erfahren. Hält die Frequenz der reinen, vollständigen und vollkommenen Kristus-Liebe in allen Zellen des physischen Körpers aufrecht, so dass sie sich als unser Lichtkörper verankern kann.

Erlaubt uns, liebevoll durchs Leben zu schreiten und die anderen so zu akzeptieren, wie sie sind.

Stellt eine Verbindung voll Respekt und Liebe her, welche uns unter allen Bedingungen und in allen Beziehungen unserer eigenen göttlichen Identität treu bleiben und sie verteidigen lässt.

Ermöglicht uns eine Paarbeziehung in transzendenter Liebe, so dass wir sie als Ergänzung unseres eigenen Wesens annehmen können. Lässt uns zu einer gemeinsamen Sphäre partnerschaftlicher Liebe zusammenwachsen.

 ### Tryptophan-Chuen

Aktivierungspunkt im menschlichen Körper: rechtes Keilbein.

Verleiht folgende Eigenschaften: Lüftet den »Schleier der Maja« von Illusion und Erscheinung. Erlaubt uns einen bleibenden Glückszustand. Gibt uns Gewalt über die Umstände, indem wir mit verschiedenen Daseinsentwürfen spielen können. Macht uns genussfähig, ein wesentliches Attribut des solaren Kristus-Bewusstseins.

Erleichtert uns die Rolle des gleichmütig gelassenen »Beobachters«, der in allen Lebenslagen stets aus der Mitte seines Seins heraus handelt. Erhöht unsere Fähigkeit, angesichts äußerer Ereignisse entspannt, flexibel und positiv zu bleiben. Lässt uns durchs Leben gleiten. Heiter akzeptieren wir die Umstände, denn wir erkennen, dass sie nur oberflächliche Erscheinungen sind, während das wahre Transzendente immer im Geist selbst gründet.

 ### Glyzin-Eb

Aktivierungspunkt im menschlichen Körper: rechter Knochenfortsatz des ersten Halswirbels (Atlas-Apophyse).

Verleiht folgende Eigenschaften: Gibt dem Dasein eine zeitlose Tiefendimension. Weitet unseren Lebensbegriff auf sämtliche Ebenen der Schöpfung aus.

Begründet die Verhaltensmuster der neuen Menschheit in ethischer, ästhetischer, moralischer und religiöser Hinsicht.

Verleiht uns universelle Einsichten und vereinheitlicht unser Fühlen. Schreibt unserer biologischen Gestalt den erhabenen Ausdruck Gottes ein. Lässt unsere Weisheit wachsen, bis sich in unserem Selbst die Meisterschaft des Lebens offenbart, die jeder bereits in sich trägt. Lenkt unsere Aufmerksamkeit auf universelle Wahrheiten und tiefste transzendente Erkenntnisse.

 Glutamin-Ben

Aktivierungspunkt im menschlichen Körper: Gelenke zwischen Brustbein und Schlüsselbein.

Verleiht folgende Eigenschaften: Befähigt unser Gehirn, die verschiedenen Multidimensionen zu verstehen und telepathischen Kontakt zu stellaren, galaktischen und kosmischen Intelligenzen aufzunehmen. Macht uns die universelle Weisheit und die Gemeinschaft mit außerweltlichen körperlosen Meistern begreiflich. Erlaubt es uns, wachen Bewusstseins durch den Kosmos zu reisen und mit den dort waltenden Intelligenzen und der dort gehorteten Weisheit in Verbindung zu treten.

Aktiviert die Bildung von Substanzen, welche die neuronale Aktivität steuern, und weckt mentale Fähigkeiten in bislang noch ungenutzten Hirnarealen, die dem Menschengeschlecht zuvor nicht zugänglich waren. Dadurch lernen wir, die universelle Weisheit und die gesamte allumfassende Beschaffenheit unseres Selbst zu begreifen.

Erleichtert die Ankunft des solaren Kristus-Bewusstseins in uns. Erschafft uns als göttliches Wesen neu.

 Lysin-Ix

Aktivierungspunkt im menschlichen Körper: linke Schulter.

Verleiht folgende Eigenschaften: Trägt zur meisterlichen Beherrschung der Naturelemente bei: Feuer, Wasser, Luft, Pflanzen, Kristalle, Steine, Tiere… Hilft bei der Entwicklung unserer sinnlichen Fähigkeiten, so dass wir mit den Elementargeistern, den Pflanzengeistern (Devas) in der Natur eine Gemeinschaft bilden können. Ermöglicht unsere Vereinigung mit dem Geist der Elemente, lässt uns bei der Verwirklichung von Harmonie, Gesundheit und Wohlergehen schöpferisch mitwirken, den Attributen entsprechend, die jedes göttliche Wesen zu tragen verdient.

Macht uns zu Schamanen, zu magischen Gebietern auf der Erde, die mit tiefen Gebeten und Anrufungen die höhere Natur der Dinge zu aktivieren wissen, weil ihr Wirken mit dem göttlichen Willen übereinstimmt.

 ## Arginin-Men

Aktivierungspunkt im menschlichen Körper: linker Ellenbogen.

Verleiht folgende Eigenschaften: Lässt uns die Dinge gelassen betrachten. Gewährt einen erweiterten Bewusstseinszustand, in welchem man viele verschiedene Gesichtspunkte, Vorstellungen, Glaubensformen, Temperamente etc. zusammenführen und miteinander versöhnen kann.

Erlaubt unserem Selbst, sich als Persönlichkeit von universeller Eigenart und allumfassendem Verständnis zu entwerfen.

Schenkt uns Vertrauen ins Leben und lässt uns die höhere Macht respektieren. Bringt Eigenschaften wie Gleichmut, Wahrheitsliebe, Wahrhaftigkeit und Selbstvertrauen zur Geltung.

Macht uns als engagiertes, Gemeinschaft stiftendes und universelles Wesen zu einer führenden Figur der Neuen Zeit.

 ## Glutaminsäure-Cib

Aktivierungspunkt im menschlichen Körper: linkes Handgelenk.

Verleiht folgende Eigenschaften: Aktiviert die höhere und intuitive Intelligenz. Fördert den spirituellen Aufstieg durch die Verwandlung von niedriger, instinktiver Energie in vergeistigte und erhabene Substanz.

Erweitert unsere Fähigkeit, physische, seelische und spirituelle Erfahrungen zu erkennen und zu verstehen.

Erlaubt uns die Einverleibung unseres Lichtkörpers, das heißt, die Aufnahme der ursprünglichen Lichtphotonen in unsere menschliche Biostruktur.

Stärkt unseren Willen, so dass wir unter allen Umständen die Würde unseres Selbst wahren. Ein klares Bewusstsein lässt uns gelassen, zentriert und erleuchtet bleiben.

Macht aus uns Wesen, die alle Beschränkungen überwinden, wahrhaft triumphierende Streiter des Lichts, Eroberer der göttlichen Attribute, Sieger über die alten Muster, die einst unser Selbst beherrschten. Wir legen jetzt die goldene Rüstung unseres solaren Kristus-Bewusstseins an.

 Prolin-Caban

Aktivierungspunkt im menschlichen Körper: mitten im Kreuzbein.

Verleiht folgende Eigenschaften: Verhilft der Menschheit zum Sieg über die irdischen Zustände. Steigert die körperliche Leistungsfähigkeit des Menschen auf das enorme Potenzial seines ursprünglichen Wesens. Gibt uns die Macht über das Leben zurück sowie die Fähigkeit, weise zu handeln. Liebe zum Leben selbst. Ein Leben in Würde.

Erleichtert unsere Anpassung an verschiedene klimatische Bedingungen, Höhenlagen, Zeitzonen, Bräuche, Traditionen usw.

Macht uns zum Meister der Erde, zum Hierophanten, der das Zepter der Macht und den Stab der Weisheit schwingt.

Wir sind die siegreichen Organismen auf Erden und wieder im Vollbesitz der göttlichen Macht und der transzendenten Weisheit.

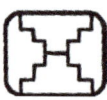 Asparaginsäure-Eztnab

Aktivierungspunkt im menschlichen Körper: rechter Oberschenkelkopf.

Verleiht folgende Eigenschaften: Aktiviert unsere Synchronisation mit dem göttlichen Pulsschlag und gleicht unsere Schwingungen der kosmisch-universellen Schwingung an.

Versetzt uns in die Lage, unser Wesen bis zur Vollkommenheit zu verfeinern, so dass unsere Biostruktur sämtliche Merkmale des göttlichen Urbildes widerspiegelt. Ermöglicht die Verschmelzung von Grundbedingungen des menschlichen und göttlichen Daseins.

Fördert unsere Identifikation mit Kristus in uns und lässt uns diesen Kristus in allen anderen als treues Abbild der göttlichen Gegenwart erkennen. Wir nehmen die spirituelle Einheit aller Schöpfung wahr.

Tyrosin-Cauac

Aktivierungspunkt im menschlichen Körper: rechtes Knie.

Verleiht folgende Eigenschaften: Stattet uns mit enormer innerer Stärke aus, so dass wir die Herausforderungen des Lebens siegreich bestehen können.

Lässt uns voll Entschlossenheit, Mut und Willenskraft durchs Leben schreiten.

Befreit die menschliche Psyche von Abhängigkeit, Leid, Krankheit und Tod. Schafft einen mächtigen Lichtwirbel, welcher die menschliche Existenz zu den göttlichen Ebenen emporträgt.

Bei abrupten Veränderungen, plötzlich eintretenden Ereignissen oder außergewöhnlichen Umständen bleiben wir gelassen, gleichmütig und innerlich ruhig – unverzichtbare Eigenschaften, um die Umwälzungen während der geweissagten Zeitenwende zu überstehen.

Sorgt dafür, dass des Menschen und Gottes Wille wieder eins sind. Setzt Gott, den Vater aller Dinge, in seine ursprüngliche Autorität ein. Wir erkennen nun, dass wir vollkommen auf unser eigenes Selbst ausgerichtet sind, wenn wir uns nach dem göttlichen Willen richten, denn dieser ist allezeit weise und gerecht. Damit ist das einstmals gültige Band zwischen Vater und Kind, zwischen Schöpfer und Geschöpf wiederhergestellt.

Aktiviert den transzendenten freien Willen, während der abgesonderte Wille des Ego im erhaben-allwissenden Willen Gottes aufgeht.

So findet man schließlich vollkommene Erlösung und absolute Absolution. Schöpfer und Geschöpf sind in einer innigen Umarmung untrennbar ineinander verschlungen.

 Cystein-Ahau

Aktivierungspunkt im menschlichen Körper: rechter Knöchel.

Verleiht folgende Eigenschaften: Krönt den Kreislauf der Schöpfung mit dem solaren Kristus-Bewusstsein.

Das Menschenwesen erringt alle Merkmale, Fertigkeiten, Fähigkeiten und Begabungen, die ihm als Sonnenkind, Gotteskind, als lebendigem Gott zustehen.

Jede einzelne Zelle der menschlichen Biostruktur wird mit den Photonen ursprünglichen Lichts, das vom Großen Geist zu uns kommt, vollständig aktiviert.

Die menschlichen Ausdrucksmittel spiegeln das Sonnenbewusstsein und alle seine Attribute wider. Körper und Seele sind mit den Eigenschaften des Geistes verschmolzen.

Wir haben unser Lebensziel erreicht: Es ist uns wieder bewusst, dass wir schöpferische Gottheiten sind.

Wie man die Aminoglyphen in sich aufnimmt

Die Aminoglyphen können uns wieder zu den archetypischen Merkmalen unserer ursprünglichen Genetik verhelfen, jenes Entwurfs, mit dem uns der Schöpfergott einst ausgestattet hatte. Wenn wir uns auf dieses Angebot einlassen, setzen wir einen gewaltigen Prozess in Gang: Wir eignen uns den Lichtkörper an und kehren zur Vollkommenheit zurück. Fortan stimmt unsere menschliche Biostruktur aufgrund ihrer gesteigerten Frequenz harmonisch mit den unübertrefflichen Eigenschaften unseres Höheren Selbst, unseres Gottselbst überein.

Damit dieser Prozess optimal verläuft, müssen wir äußerst konzentriert sein, positiv gestimmt und im Vollbesitz unserer schöpferischen Kraft. Auf diese Weise handeln wir als lebendige Wesenheiten in Übereinstimmung mit der Frequenz der Neuen Zeit.

Erläuterungen zum besseren Verständnis des Verfahrens

Wir befinden uns in einem quantischen Universum, das durchaus dem Einfluss unserer Gedanken unterliegt. Es verwirklicht unsere mentalen Vorstellungen, vor allem dann, wenn diese von entsprechenden Gefühlen begleitet sind.

Das ist im Guten wie im Schlechten der Fall; will heißen, wenn die mentalen Vorstellungen negativ und die entsprechenden Gefühle unharmonisch sind, zeigt sich uns ein Universum, das von schmerzhaften und leidvollen Eindrücken geprägt ist. Andererseits steht aber auch fest, dass wir ein Universum gestalten, welches auf unsere transzendenten Impulse anspricht und sie klar und konkret sinnlich erfahrbar macht, wenn unser Geist positive und kreative Anstöße gibt. Umso mehr, wenn uns dabei das spirituelle Anliegen beseelt, Wahrheit und Leben in uns zu verankern, und wenn der Prozess von konstruktiven Gefühlen, Bereitwilligkeit und Freude begleitet wird.

An diesem Punkt muss jedes Individuum mit seinem freien Willen entscheiden, welches Universum es für sich selbst erschaffen möchte, wissend, dass seine Entscheidung auf die ganze restliche Welt ausstrahlt.

Die Botschaft der Maya spornt unser Bewusstsein dazu an, Ideale auf möglichst hoher Schwingungsebene anzustreben: den Erwerb der angeborenen Attribute von absoluter Reinheit und Perfektion, die für den verkörperten Gott in uns charakteristisch sind.

Wir werden dieses quantische Universum zu einem Raum umgestalten, in dem die universelle Energie positiv auf die Neuerschaffung unseres Lichtkörpers und die Veredelung unseres genetischen Codes ausgerichtet ist, so dass unsere Biostruktur zum kraftvollen Medium höherer Ausdrucksformen wird.

Wenn wir etwas erschaffen, gehen wir gewöhnlich von einem Gedanken aus. Gedanken sind stets mit für uns bedeutsamen Bildern verbunden. Unsere gesamte Biostruktur antwortet auf die Vorstellung solcher mentaler Bilder mit entsprechenden hormonellen, neuronalen und physiologischen Reaktionen. Wenn wir zum Beispiel einen aggressiven Gedanken haben, begleitet von einem brutalen Bild, stößt unser Körper Adrenalin aus. Dieses Hormon wiederum setzt eine neuronale und physiologische Stressreaktion in Gang, unser Körper wirft sämtliche Verteidigungsmechanismen an, auch wenn wir zuhause auf dem Sofa sitzen.

Das mentale Bild kann auch eine Gefühlsreaktion auslösen. So kann zum Beispiel schon allein Vorstellung, dass dein Lebenspartner gerade mit einer anderen Person zusammen ist, Eifersucht, Niedergeschlagenheit und Verzweiflung, in dir heraufbeschwören.

Die mentale Vorstellung berührt also nicht nur unser geistiges Zentrum, sondern kann entsprechende – unter Umständen zerstörerische – Gefühle hervorrufen.

Eine mentale Projektion auf allerhöchster Frequenz wird daher folgerichtig unbewusste physiologische Reaktionen erzeugen, die hell und durchscheinend sind und zum Beispiel die Ausschüttung von positiven Hormonen bewirken, von Endorphinen etwa, die dafür sorgen, dass wir uns wohlfühlen.

Darum muss man das Bild der Aminoglyphe, die man aufnehmen möchte, mit seinem geistigen Auge sehen. Das holographische Bild der Glyphe ist kraftvoll und löscht die Machwerke des Ego aus. Der ursprüngliche Archetyp setzt sich exakt und unmissverständlich durch. Das Ideogramm der Mayaglyphe ist ein Urbild, das von den Tiefenschichten unseres Geistes erkannt wird. Dabei wird das darin enthaltene Informationspaket vollständig übernommen.

Wichtig ist vor allem, dass man während des gesamten Aufnahmeprozesses eine klare Vorstellung von seinem Ziel hat: Die Genetik des göttlichen Originalentwurfs soll wiederhergestellt und auf diese Weise das solare Kristus-Bewusstsein erreicht werden.

Dieses spirituelle Ziel muss von einem mentalen Bild begleitet werden, in dem man sich selbst als Lichtwesen sieht, in seiner vollkommenen Ganzheitlichkeit und erhabenen Vollkommenheit.

Erschaffe daher in dir ein Bild deiner selbst, das mit der größten Anschaulichkeit das Ziel deutlich macht, dem du entgegenstrebst.

Und dann geselle diesem Bild Worte zu, welche deinen Wunsch besiegeln, eine Anrufung des Lichts, die das mentale Bild und den dazugehörigen Gedanken bestätigt und bekräftigt. Solche Worte können etwa wie folgt lauten:

»Ich bin bereit für das solare Kristus-Bewusstsein.«
»Ich bin bereit für ein Leben auf der hohen Frequenz göttlicher Vollkommenheit.«
»Ich willige ein in die Rückverwandlung meines genetischen Codes zu jener ursprünglichen Vollkommenheit, in der Gott mich einst erschaffen hat.«

Zielgerichteter Gedanke + mentales Bild + Anrufung des Lichts

Der Ahaukin Zayaab Kan (Alberto Arribalzaga), Experte der Kinesiologie und weltweit als Dozent dieser Fachrichtung tätig, erklärt uns, wie wir unser Begehren auf unser Nervensystem übertragen können. Dazu muss man diesen Wunsch zunächst in den Vordergrund rücken und die gesamte Biostruktur auf den Empfang der Aminoglyphen vorbereiten.

Sobald wir die Worte zur Anrufung des Lichts gesprochen haben, atmen wir tief durch den Mund ein, wobei wir das mentale Bild aufrechterhalten, und schließen und öffnen einmal die Beine. Das ist eine direkte Aufforderung an unser Gehirn, auf genau dieses Ziel hinzuarbeiten. Dieser spezielle tiefe Atemzug wird nur einmal zu Beginn des Prozesses getan.

Die einzelnen Schritte des Prozesses

Vorbereitung

1. Sonnenatmung:

Beginne damit, tief durch den Mund zu atmen, um dich mit dem Sonnenbewusstsein zu verbinden und dein Selbst auf die hohen Sphären der spirituellen Schöpfung emporzuheben.

Nimm so viel Prana (Lebensenergie) wie irgend möglich in dich auf, um deinen Körper mit Lebenskraft zu sättigen.

2. Rufe Kinich Ahau an sowie die Kraft der Aufgestiegenen Meister und Sternenwesen, die Gestalter unserer ursprünglichen Vollkommenheit beziehungsweise die Elohim der Gestalt. Rufe die erhabene Macht des Maya-Weisheitsrades an. Stelle eine Verbindung her zur Ausstrahlung deines eigenen höheren Selbst.

3. Deine Hände nehmen die Haltung jener Mudras an, die das genetische Feld öffnen und dich somit die ursprünglichen Muster der Aminoglyphen aufnehmen lassen.

Linke Hand: Ausgestreck-
ter Zeige- und Ringfinger
berühren sich, während
die Daumenspitze auf
ihrer obersten Querfalte
ruht.

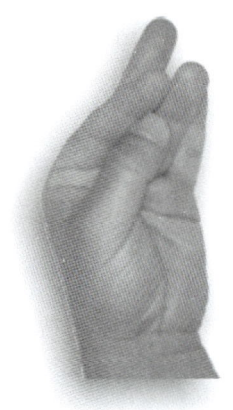

Rechte Hand: Zeige- und
Ringfinger sind nach innen
gebogen, die Daumenspit-
ze liegt auf ihrer Oberseite.

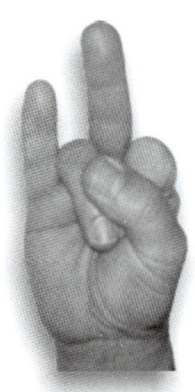

Wenn beide Hände die entsprechende Haltung angenommen haben, atme einmal kräftig durch den Mund
ein und schließe und öffne dabei einmal die Beine. So
bleibt die Sphäre der Genetik durchlässig, und die
Merkmale der Aminoglyphen können aufgenommen
werden.

Die beschriebene Bewegung der Oberschenkel- und Kiefergelenke ist wichtig, damit dein Körper merkt, was denn gerade jetzt bearbeitet werden soll. Auf diese Weise empfängt das Gehirn eine neurologische Information von höchster Dringlichkeitsstufe, die folgerichtig vorrangig behandelt wird.

→ *Farbige Abbildung Aktivierung der Aminoglyphen siehe Bildteil, Seite 263*

Die Aufnahme der zwanzig Aminoglyphen

1. Nimm die Karte mit der entsprechenden Mayaglyphe in die linke Hand. Du kannst die zwanzig Glyphen aus dem Buch fotokopieren oder abzeichnen und sie in der Farbe ausmalen, siehe Tafel Seite 263.
Während du die Sonnenatmung praktizierst, schaust du einige Augenblicke lang konzentriert auf die Glyphe, um ihr archetypisches Bild vor deinem inneren Auge erstehen zu lassen. Dann lege es unter die Handfläche, so dass es über die sinnliche Ebene weiter aufgenommen wird.

2. Deine andere Hand umspannt das Gelenk, das der jeweiligen Aminoglyphe zugeordnet ist, siehe Tafel Seite 263.

3. Aufnahme der Aminoglyphe in dein genetisches Gedächtnis:
Atme durch den Mund ein und schließe und öffne dabei einmal die Beine.
Lass das Gelenk los.
Im Moment der Aufnahme bleiben die Beine gespreizt.

4. Lies mit lauter Stimme die Eigenschaften der Glyphe, mit der du gerade arbeitest.

Dies ist der wichtigste Augenblick des Aufnahmeverfahrens.

Während du weiter die Sonnenatmung praktizierst, und dein Geist weit geöffnet ist, reaktiviert die Aminoglyphe die Merkmale des makellosen Originalentwurfs in deiner Genetik.

5. Nun lässt du die Karte mit dem Bild der jeweiligen Aminoglyphe los.

Und so verfährst du nacheinander mit allen zwanzig Aminoglyphen.

Im Laufe dieses Aneignungsprozesses werden Helices geschaffen:

 Während man die zwanzig Gelenke berührt und die zwanzig Aminoglyphen in sich aufnimmt, schreiben sich so deinem Körper liegende Achten ein (∞), das Symbol für die Unendlichkeit. Dieses holographische Bild verleiht der gesamten Handlung wieder die schöpferische Kraft der Unendlichkeit.

Das Zeichen der Helix steht für die Macht des unendlich mehrenden Gottes. So rufen wir seine unermessliche Schöpferkraft an, um diesen Prozess abzuschließen.

Ende der Sitzung

Damit all die neuen Informationen in unserem Körper sicher verwahrt bleiben und sich zu jeder Zeit und Stunde aktiv reproduzieren können, machen wir nun dreimal das Zeichen der Neuen Zeit über uns selbst (vgl. das entsprechende Kapitel), denn es sorgt dafür, dass der Strahl des ursprünglichen Lichtes mit seiner allerhöchsten Photonenkraft stets auf uns gerichtet bleibt und damit die Merkmale der Aminoglyphen in uns besiegelt.

Abschließend danken wir der Schöpfermacht, dass sie uns den Weg gezeigt hat, wie wir unseren Körper neu erschaffen und zu einem würdigen Ausdrucksmittel der transzendenten Eigenschaften unserer ursprünglichen Vollkommenheit machen können.

Wir danken dem Meisterbewusstsein, den Lichtwesen, Engeln, Erzengeln und all den anderen Wesenheiten, die uns während dieses Prozesses hilfreich zur Seite standen und uns fest mit den höheren Bewusstseinssphären verbunden haben. Diese Sphären wirken bereits vortrefflich in uns und lassen uns Langlebigkeit, Intelligenz, Glück, Liebe und weitere göttliche Attribute zuteilwerden.

Viele engagierte Lichtarbeiter haben erkannt, wie dringlich die menschliche Struktur an die neuen Bedingungen angepasst werden muss. Ihnen wird empfohlen, den oben beschriebenen Aneignungsprozess alle 72 Stunden zu durchlaufen. So lange müssen wir dem Körper mindestens Zeit lassen, damit die Aminoglyphen ihre Wirkung voll entfalten können.

Es ist überaus wichtig, diese Übung systematisch zu wiederholen, damit die neuen Informationen auf sämtlichen Ebenen unseres Seins aufgenommen werden. Die außerordentlich mächtige Botschaft der Aminoglyphen wird alle unsere multidimensionalen Körper durchdringen, sobald wir den Prozess in Gang setzen.

8
Das heilige Wissen der Maya

Das heilige Wissen der Maya verfügt über Erkenntnisse, die uns zur wahren Weisheit zurückführen und uns helfen, das existierende Universum und unsere transzendente Rolle darin zu verstehen. Das Maya-Wissen begreift Hunab Kú, die Quelle des Lebens und der Bewegung, als ein intelligentes Prinzip, das sich über sämtliche Dimensionen erstreckt. Das wesentliche Anliegen dieser heiligen Erkenntnis besteht in der freiwilligen und vollkommen bewussten Rückkehr zu jenem Ursprung.

Wir haben in diesem Buch die Essenz des heiligen Wissens der Maya dargelegt, soweit es sich auf die spirituelle Wesenheit der Sonne, Kinich Ahau, bezieht. Möge ein jeder von uns begreifen, dass wir nur dank jenes vom Sonnengeist gesandten Strahlenflusses existieren. Bei der Rückkehr zu unseren ursprünglichen Gaben, zur authentischen Schwingung unseres Seins, sind wir auf diese innige Verbindung mit der Großen Sonne angewiesen, denn Kinam, der Geist des Seins, besteht im Wesentlichen aus reiner Energie solarer Frequenz.

Wenn wir den Initiationsweg der Maya beschreiten, gehen wir den Solaren Weg des Aufstiegs. Er führt zur notwendigen Erweiterung unseres Bewusstseins auf die dreizehn Dimensionen, so dass wir Erkenntnisse und Erfahrungen in jeder einzelnen von ihnen sammeln und damit zum Ur-Einen Bewusstsein, zu Hunab Kú, der Quelle, dem Schöpfer, dem »Einen im Einen« zurückkehren können.

Der Pfad unseres persönlichen Wachstums führt durch ein weiteres machtvolles Wissensgebiet: Die heiligen Geometrien des Hunab Kú. Dabei geht es darum, die Lichtmuster unseres Selbst zu erwecken: holographische Körper, die aus verschiedenen Kegeln zusammengesetzt sind. Jeder dieser geometrischen Körper spricht eine spezielle Sprache des Schöpfers. Es sind holographische Räume reiner Intelligenz, Stätten der Heilung, Orte der Mit-Schöpfung, von universeller Form und besonderer Wirkung. Die sechs heiligen Geometrien des Hunab Kú wirken auf physischem, emotionalem, mentalem Niveau, auf den Ebenen von reiner Liebe, Seele und Geist. Sie sorgen auf jeder dieser Ebenen für Reinheit, Heilung und Vervollkommnung und statten uns wieder mit den transzendenten Merkmalen des göttlichen Urbildes aus.

Ferner sind wir für die Wiederherstellung des Ur-Einen Bewusstseins, für die Synchronisation unseres Körpers mit den Lichträumen des Neuen Zeitalters auch auf den Beistand der Engel angewiesen. Diese huldreichen Diener der Menschheit helfen uns gerne dabei, die Bande zu sprengen, mit denen unsere Seele gefesselt ist. Bereitwillig führen sie uns zu den reinen Räumen der spirituellen Fülle.

Die Engelsgruppen wirken grundsätzlich in drei Sphären:

In der physischen Sphäre bieten sie uns ihre Hilfe bei den Prozessen der Reinigung, Entgiftung und Wiederbelebung verschiedener Organe und Systeme an, damit der menschliche Organismus die Lebenskraft in sich aufsaugen kann und zum würdigen Ausdrucksmittel für die transzendenten Merkmale des Geistes wird.

In der seelischen Sphäre unterstützen sie uns dabei, unsere Seelenmuster von Licht und Leben zu reinigen, zu heilen und endlich wirksam werden zu lassen. Sie beseitigen die lähmenden Normen, jene Programme von Leid oder Mangel, die sich in unserer Psyche und unserem auratischen Feld eingenistet haben, und ersetzen sie durch die Qualitäten und Merkmale des göttlichen Urbildes.

In der spirituellen Sphäre helfen sie uns dabei, Eigenschaften und Tugenden unserer wahren Essenz wiederzuerlangen.

Wenn wir die Hilfe der Engelsgruppen anrufen, schreiten wir während unserer Verwandlung auf einem einfachen, sicheren, schnellen und überaus lebensnahen Pfad voran. Die Macht der Engel ist unstrittig; sie sind selbstlose Helfer, auf welche die Menschheit zählen kann, wenn sie das göttliche Prinzip in ihrem Leben aufrechterhalten möchte.

Zum Initiationsweg der Maya gehört auch die Beschäftigung mit dem obersten Maya-Rad der Weisheit, das uns die Dynamik des Universums begreifen lässt. Es erlaubt uns die verschiedenen Zeit-Wellen zu ergründen, damit wir die jeweilige Zeitqualität, die gerade wirksam ist, erkennen. Das Maya-Rad der Weisheit zeigt uns einen Weg zur Selbsterkenntnis. Dieser Weg beginnt damit, über den Archetyp Bescheid zu wissen, der den Tag unserer Geburt und die gegenwärtige Verkörperung unserer Seele prägte; danach lernen wir zu verstehen, was dies für unser Leben und unser persönliches Wachstum bedeutet. Denn das Maya-Rad ist auch ein Kreis des Heils, ein Orakelkreis, der auf viele Fragen, die sich uns im Laufe unseres Lebens stellen, Antwort gibt. Wenn wir das Rad verstehen, verstehen wir zugleich die universelle Botschaft der weisen Maya. Das macht uns zu zeitlosen, wissenden, gerechten und folglich erleuchteten Wesen.

Das Rad der Maya-Weisheit ist das wertvollste Kleinod im kostbaren Vermächtnis dieses Volkes, das seine Zeit überragte und transzendierte und zur Multidimensionalität vordrang. Heute ist sein gesammelter Weisheitsschatz der Eckstein im Gebäude der Neuen Menschheit. Es ist Teil des Geistes, der das Neue, das Goldene Zeitalter beseelt.

Alle Etappen auf dem Initiationsweg der Maya sehen Übungen vor, welche uns zur Gesamtheit der Dimensionen unseres Selbst zurückführen, uns wieder mit der unendlichen Weite des Universums verbinden und das mächtige Band der Einheit mit dem Großen Geist neu erstehen lassen.

Mit meinen Büchern möchte ich das wertvolle Geschenk weiterreichen, das ich durch den Kontakt mit der Sonnenweisheit der Maya empfangen habe. Ich habe mich bemüht, alles so darzustellen, wie es im Altertum durch den Aufgestiegenen Meister Kinich Ahau und sein unendlich weises Volk erkannt und entwickelt wurde.

Mit einem wachen spirituellen Bewusstsein kam ich schon zur Welt. Bereits vor der Geburt wusste ich, warum ich gerade meine Mutter dazu auserkoren hatte, meiner jetzigen Verkörperung physischen Ausdruck zu verleihen. Der Augenblick meiner Geburt ist mir vollkommen gegenwärtig. Von klein auf äußerte sich meine Intelligenz durch mein bereits vorhandenes spirituelles Wissen und in meiner Aufgeschlossenheit gegenüber den feinstofflichen Welten. Ich bin mit den »Zeichen« geboren, die den erleuchteten Meistern eigen sind, und betrachte mich selbst als Kristallwesen, denn ich war immer schon äußerst empfänglich für die Schwingungen meiner Umgebung und die Gedanken anderer Menschen. Die allermeisten von ihnen erfahren das Leben als dunkel und leiderfüllt, und man wird verstehen, dass der Kontakt mit der äußeren Welt meine empfindsame Seele oft wie Schmirgelpapier wundscheuerte.

Soweit ich mich zurückerinnern kann, habe ich mich für diese Menschheit verantwortlich gefühlt. Ein solches Gefühl ist in der Kindheit wohl sehr schwer zu ertragen, doch als ich mit der Zeit heranwuchs, wurde mir klar, dass mein hauptsächliches Anliegen, dass die Mission meines Lebens eben darin bestand, mit anderen zusammen diese Menschheit wieder auf den Weg der spirituellen Erhabenheit zurückzuführen.

Eng verwoben mit dem wachen Geist, der stets um mich ist, anerkenne ich die Gegenwart der Meister, die mich unter ihre Fittiche genommen und mein Instrumentarium in physischer, emotionaler und mentaler Hinsicht so verfeinert haben, dass ich mich äußerst präzise mit der mächtigen Kraft des Geistes in mir synchronisieren konnte. Hier, jetzt und immerdar richte ich Gebete tiefer Dankbarkeit an alle diese Wesen, Meister und spirituellen Führer, die mich auf meinem Weg begleitet und mir dabei geholfen haben, ein wertvolles Instrument im Dienste der spirituellen Hierarchien zu werden.

Auf den feinstofflichen Ebenen, in den Lichtreichen, dort wo die Aufgestiegenen Meister wohnen, habe ich meine ewigen Lehrer gefunden, denen ich hiermit ausdrückliche Anerkennung zolle: Dem allerheiligsten Aeolus, dem Atem Gottes, dem kosmischen Heiligen

Geist, der das eigentliche Gedächtnis unserer göttlichen Eigenart bewahrt; er ist seit Äonen mein Meister, Verbündeter meines Wesens. Und ohne Zweifel ist auch das Bewusstsein der Sonne, Kinich Ahau, ein mächtiger Geist, der mein Leben leitet. Er gab mir die Erinnerung zurück und ließ mich erkennen, dass wir eine heilige Dualität bilden, dass ich hier auf Erden im Strahl seiner mächtigen Lichtprojektion wandle, die sein großer Geist mir sendet. Kinich Ahau ist der Grundpfeiler bei der Erfüllung meiner Mission, denn dank seiner Weisheit kann sich mein Geist leichter verständlich machen. Viel verdanke ich auch der Linie meiner ursprünglichen Genetik, der Abstammung von meinem Vater Melenek, dem Patriarchen der Salomonischen Linie; Träger der wahren körperlichen Stärke, jener biologischen Struktur, die imstande ist, die Megatonnen von Licht zu fassen, die der Geist sendet. Mein Vater Melenek hat mir offenbart, dass meine genetische Struktur eben diesem Feld entstammt.

In diesen Tagen widme ich mich völlig der Aufgabe, die große göttlich-kosmische Weisheit, die mein Wesen empfängt, weiterzugeben, oder genauer gesagt, dabei zu helfen, dass sie zurückgegeben wird. Dabei liegt mein Augenmerk stets auf dem Praktisch-Transzendenten; das heißt, das heilige Wissen, das wir miteinander teilen, ist immer von praktischen Elementen durchdrungen, die uns bei dem, was uns im Leben widerfährt, bei unserer Heilung, Verwandlung und Verklärung wirklich helfen und klare Antworten geben.

All diese Erkenntnisse möchte ich der Menschheit mit diesem Buch darbieten, in Demut vor der gesamten Schöpfung und mit dem bescheidenen Wunsch, dass es hilfreich sein möge bei der Vollendung der großen Zeitenwende, welcher sich jeder von uns in dieser Schicksalsstunde der Menschheit stellen muss.

Mein eigener heiliger Maya-Name Nah Kin bedeutet: »Die Mutter, welche die warmen Strahlen des Sonnenlichts ausstrahlt.« Möge meine mütterliche Umarmung euch alle mit der allwissenden Liebe der weiblichen Sonnenessenz umhüllen.

Danksagung

Mit Dankbarkeit sehe ich auf Anita Mayerhofer und ihre große Unterstützung bei der Bekanntmachung des Heiligen Wissens der Maya durch Mutter Nah Kin. Ich danke ihr für das Bemühen, stets die Reinheit und große Kraft dieses Wissens zu erhalten. Ich danke ihr auch als einer Frau, deren Begeisterung viele andere Wesen inspirieren konnte, die heilige Weisheit meiner Vorfahren der Maya zu erfahren. Und ich danke ihr für vieles mehr!

In Dankbarkeit und Liebe für Anita!

Madre Nah Kin

Adressen und weitere Buchempfehlungen

Für weitere Informationen bezüglich der »Großen Feier 2012« zur Zeitenwende und der »Seminare für Frauen« wenden Sie sich bitte an die unten angegebene E-Mail-Adresse oder besuchen Sie die Website, auf der Sie mit der Organisation Kinich-Ahau, die für die Planung und Durchführung dieser Veranstaltungen verantwortlich ist, Kontakt aufnehmen können.

www.kinich-ahau.org
E-mail: kinich-ahau2013@gmail.com

Nah Kin, *Lebe die Göttin in dir. Das Erwachen der Weiblichkeit im neuen Zeitalter*, Koha Verlag 2009.

Nah Kin, *2012 und das Kalenderwissen der Maya*, Video-DVD, Koha Verlag 2009.

III.

Bildteil

Sonne

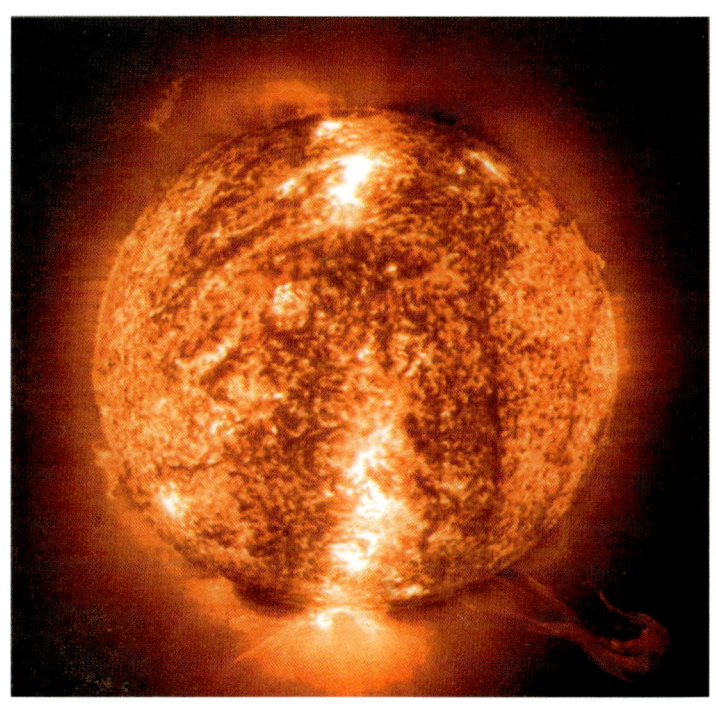

Beziehung der Sonnen zueinander

Die allerhöchste Energie der Großen Zentralsonne nährt die kosmische Sonne, diese die galaktische Sonne unserer Milchstraße,
die zuletzt unsere Sonne nährt, welche wiederum diese Art des
Nährens unserem menschlichen Selbst angedeihen lässt.

Der Strahl der Verwandlung

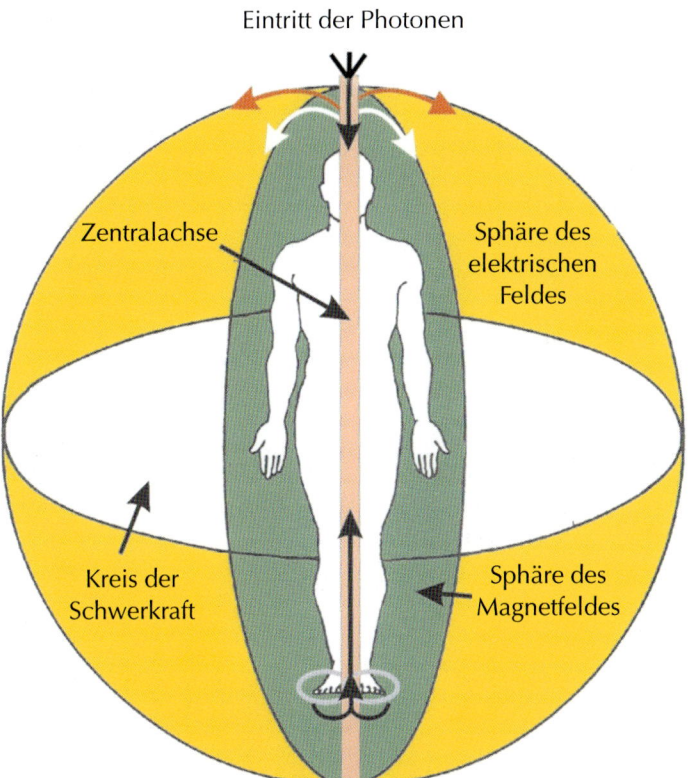

Eintritt der Photonen

Zentralachse

Sphäre des elektrischen Feldes

Kreis der Schwerkraft

Sphäre des Magnetfeldes

Süden

Der Strahl der Verwandlung ist Träger der erhabenen photoni-schen Macht des Schöpfers. Diese Macht wirkt über die elektri-schen und magnetischen Felder auf den Menschen ein. Sie bringt dabei die schöpferischen und verwandelnden Kräfte des neuen Bewusstseins zur Geltung, ohne die eine Erneuerung unseres genetischen, biologischen, sensorischen, holographischen und energetischen Erbgutes und unserer Seele nicht möglich wäre.

Das goldene Zeichen

Kristus mit dem Zeichen

Aminoglyphen

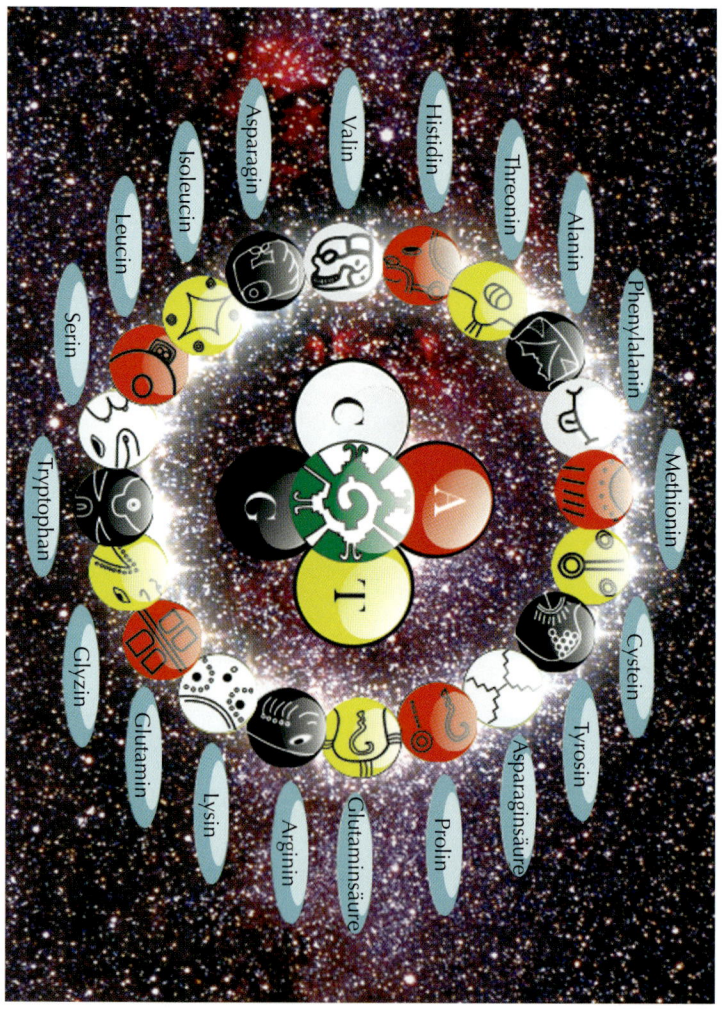

Aktivierung der Aminoglyphen
empfangen durch Nah Kin

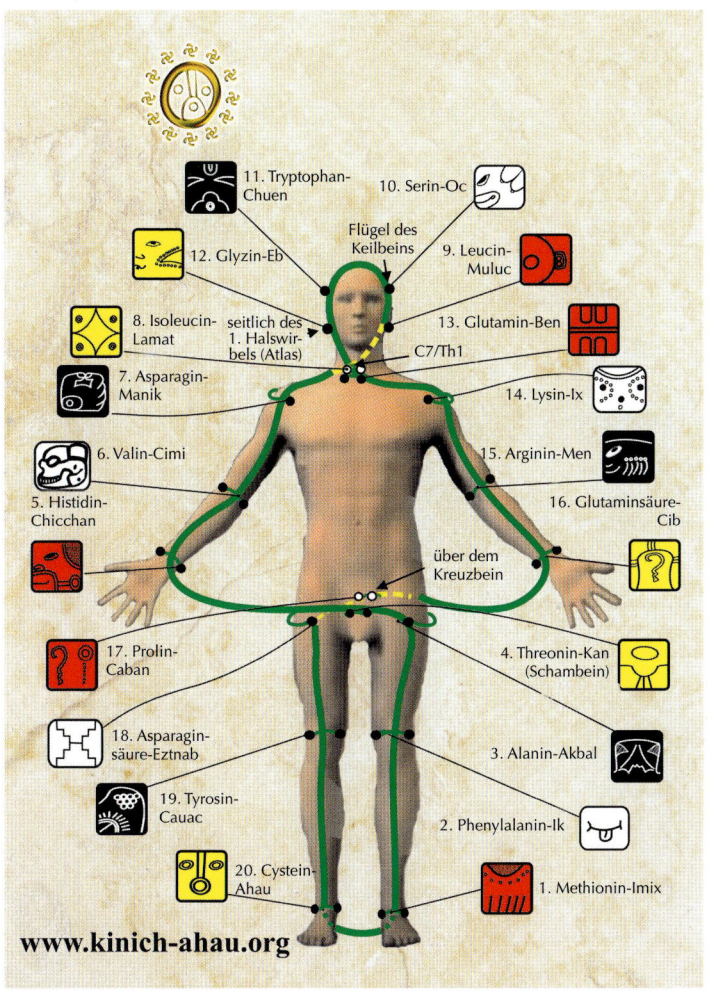

11. Tryptophan-Chuen

10. Serin-Oc

Flügel des Keilbeins

9. Leucin-Muluc

12. Glyzin-Eb

8. Isoleucin-Lamat

seitlich des 1. Halswirbels (Atlas)

13. Glutamin-Ben

C7/Th1

7. Asparagin-Manik

14. Lysin-Ix

6. Valin-Cimi

15. Arginin-Men

5. Histidin-Chicchan

16. Glutaminsäure-Cib

über dem Kreuzbein

17. Prolin-Caban

4. Threonin-Kan (Schambein)

18. Asparagin-säure-Eztnab

3. Alanin-Akbal

19. Tyrosin-Cauac

2. Phenylalanin-Ik

20. Cystein-Ahau

1. Methionin-Imix

www.kinich-ahau.org